코로나 이후
예배 설교 미래
리포트

WORSHIP, SERMON AND FAITH
IN THE POST-CORONA AGE

코로나 이후 예배 설교 미래 리포트
목회자, 실천신학자, 종교학자가 바라본 코로나 이후 목회 패러다임

초판 1쇄 발행 2021년 1월 10일

지은이 최승목, 김남중, 오강남

펴낸곳 ㈜글로벌워십미니스트리
편집 편집팀
북디자인 이선영

전화 070) 4632-0660
팩스 070) 4325-6181
등록일 2012년 5월 21일
등록번호 제 387-2012-000036호
이메일 wlm@worshipleader.kr

판권소유 ⓒ 도서출판 워십리더 2021
값 15,000원

ISBN 979-11-88876-42-6

"도서출판 워십리더는 교회와 예배의 회복과 부흥을 위해 세워졌습니다. 예배전문 출판사로서 세계의 다양한 예배의 컨텐츠를 담아 문서선교의 사명을 감당할 것입니다. 한국교회의 목회자, 워십리더, 예배세션 뿐만 아니라 모든 크리스천들이 하나님의 임재를 경험할 수 있도록 열정을 다하고 있습니다."

※ 이 책의 모든 내용은 저자와의 독점 출간 저작권 보호를 받으므로 어떤 사유로도 무단전제와 복제를 할 수 없습니다.
(Printed in Korea)

목회자, 실천신학자, 종교학자가 바라본 코로나 이후 목회

코로나 이후 예배 설교 미래 리포트

최승목, 김남중, 오강남 지음

worship leader 워십리더

| 서문 |

"코로나 19 이후 예배 설교 미래 리포트"라는 주제로 글을 쓰게 된 이유는 코로나가 전 세계로 퍼지면서 미국에 모든 교회들이 각 주의 행정명령에 따라 교회들이 문을 닫기 시작하고, 목사님들이 당황하고 기독교인들 사이에서 '예배란 무엇인가?' '목회자는 무엇을 해야 하는가?' 고민하고 있을 때에 이에 대한 질문에 대답하고자 고민 하던 중에 이번 글을 기획하게 되었다.

나는 미국 팜스프링스에서 목회하는 이민 목회자로서 캐나다와 미국에서 총 17년 간 목회를 하였다. 미국에서의 이민 목회는 외부에서 바라보는 풍요롭고 아름다워 보이는 모습과 달리 상당히 거칠고 쉽지 않다. 이민자들의 삶이 너무나도 고단하고 힘들다는 것을 체험으로 알게 되었다. 그리고 그들을 섬기는 목회자들의 삶은 어쩌면 이민자들보다도 더욱 더 힘들고 고되 보였다. 헨리 나우웬(Henri Nouwen, 1932 - 1996)이 말한 '상처 입은 치유자'처럼 목회자의 삶이 자신의 상처를 치유하기도 전에 성도들의 상처를 돌봐야하는 처지에 있는 것 같았다. 미국에 사는 이민자들 가운데 많은 수가 영어가 되지 않아 사회에서 고립되어 있었고, 삶에 지쳐 있는 분들, 아이들을 돌보지 못하는 가정, 부모와 자녀들이 서로 대화가 단절된 가정, 그리고 문화적 차이로 갈등하는 많은 가정들을 보았다.

목회자들 역시 이민 목회라는 특수 환경에서 이민자들을 섬기고 또 생계에서 살아남기 위해 몸부림치는 분들이 많았다. 그래도 이 어려운 이민의 삶 가운데 유일한 소망과 위로는 '예배'였다. 이 예배를 통해 한인들이 서로 만나고 위로받는다. 이렇게 예배 가운데에 소망을 갖고 이겨나가고 있는 이들에게 코로나로 인한 예배의 단절은 예배를 인도하는 목회자나 그 가운데 희망을 찾고 위로받는 이민자들이나 각자의 실존에 대한 질문과 정체성에 대한 회의가 들게 했다.

이 글이 한국에서 출간될 것이지만 이렇게 미국의 상황을 전하고 미국 상황을 배경으로 말하려는 이유는 미국은 현재 전 세계에서 가장 많은 코로나 확진자와 사망자로 제일 좋지 못한 상황에 처해 있기 때문이다. 이러한 열악한 환경 속에서 어떻게 목회자들이 자신의 정체성과 할 일을 찾을 것인가는 이 글의 주요 목적이었다. 앞으로 코로나 이후에 코로나가 없어지는 것이 아니라 코로나와 함께하는 시대에 목회자는 어떻게 예배를 드리고 어떻게 설교를 하고 앞으로의 기독교의 전망은 어떻게 될 것인지 각 각의 전문가들의 견해를 제공함으로 조금이나마 이 난관을 넘어가는 데에 도움을 주고자 하였다.

신앙이라는 것은 주어진 환경에 대한 해석과 반응인데, 지금 주어진 이 환경에서 '신학에 대한 재정의' 및 '신앙에 대한 재성찰' 그리고 예배와 믿음을 어떻게 유지해 나갈까?'에 대한 고민과 답이 필요한 시점이라고 보았다. 여러 목사님들에게 변화된 환경에서의 새로운 목회 패러다임을 소개하고 그 가운데에서도 성직자의 본분을 잊지 말고 각자 본연의 자리에서 영혼을 살리는 역할을 할 수 있도록 돕기 위하여 이렇게 글을 쓰게 되었다.

먼저 미국 서부의 대표적인 신학교 중 하나인 클레어몬트 신학대학원에서 예배학을 가르치는 실천신학자 김남중 박사님을 통하여 변화된 세상에서 어떻게 예배를 드려야 하는지 실천적인 각도에서 글을 부탁했다. 특별히 온라인 예배를 드릴 수밖에 없는 지금의 상황에서 '온라인 예배에 대한 신학적 정의와 가능성'에 대한 글을 부탁했다. 또한 북미의 대표적인 비교 종교학자 오강남 박사님을 통해 '앞으로 종교가 어떻게 변화될 것인가?' 종교학자의 눈으로 본 기독교의 전망에 대해서 글을 부탁드렸다. 그로 인해 여러 목회자들과 신앙인들이 미래의 종교가 어떻게 변화할 것인가에 대해 참조할 수 있으리라 본다. '북 유럽의 교회들이 왜 텅 비게 되었는가?' 그리고 '미국과 한국의 기독교는 앞으로 어떤 길로 가게 될 것인가?' 평생 종교만 연구해온 분의 시각에서 우리가 성찰해야 할 부분이 적지 않으리라 생각해서 부탁하게 되었다. 비록 종교학자의 관점에서 바라보기 때문에 신학적으로나 신앙적으로 또는 정치적으로 모든 면에서 동의하기 어려운 부분도 있을 수 있으나 종교학자의 객관적인 비평이나 예측이 급변하는 이 시대에 목회자들에게 큰 도움이 될 부분이 있다고 생각해서 글을 부탁했다. 마지막으로 나의 글은 목회자들의 가장 큰 부분을 차지하는 설교에 대한 주제에 집중했다. 앞으로의 설교는 어떠한 방향으로 가야 하는지? 사람이 모일 수 없는 상황에서 어떻게 설교를 전할 수 있는지? 그리고 하나님의 말씀을 전한다면 어떤 내용을 가지고 무엇을 전해야 하는지에 대해서 집중해서 서술했다. 성경적으로나 역사적으로 위기의 때에 개혁과 변혁이 일어났었다. 이 상황에서 오히려 하나님을 믿는 모든 분들에게 기독교의 본질로 돌아가고 목회자들이 다시 가장 기본적인 말씀묵상과 기도자로 선다면 오히려 이것이 교회에는 축복이 될 수 있다고 본다. 그 동안 팽배해왔던 기복적인 신앙대신 예수그리스도를 본받고 이웃을 사랑하고 하늘의 소망을 두는 참된 신앙인으로 거듭나기를 소망하며 이글을 쓰게 되었다.

마지막으로 이 글을 쓰기까지 지나온 삶을 인도해 주신 하나님께 영광을 돌리고, 신학적 도움을 주신 멜빈 라욱스(Melvin Loucks), 앤드류 박(Andrew Park)교수님께 감사하고, 한국에서 매일 기도해주시는 어머니 김혜자 권사님, 그리고 이번 글이 나오기까지 설교에 대해서 함께 고민하고 도와주신 신현교회 김요한 목사님, 부천 오정교회 서광천 목사님, 그리고 아내 조수정, 아들 최선, 딸 최민, 최윤에게 감사하고, 팜스프링스 한인 교회 성도들 모두에게 감사드린다.

팜스프링스에서 최승목 목사

목회자가
바라 본
코로나 19
이후의 설교

최승목 목사(팜스프링스 한인교회 담임)

차 례

1부 코로나가 바꾸어 놓은 목회 현장

1 커뮤니케이션의 변화와 노출빈도 _ 17
2 카메라 노출과 이미지 변화의 상관관계 _ 21
3 무엇을 전해야 하는가? _ 24
4 미디어를 통한 메시지 전달의 파급효과 _ 27
5 신앙과 철학의 재생산 _ 30

2부 코로나 시대의 설교

1 쉬운 설교를 요구하는 시대 _ 34
2 뻔한 설교는 이젠 듣지 않는다 _ 36
3 설교는 신의 언어를 대언해야 한다 _ 43
4 영화나 책보다 나의 이야기가 기억에 남는다 _ 47
5 설교자는 구어체로 그리고 눈으로 전해야 한다 _ 51
6 변화를 동반한 설교 _ 53

3부 기억에 남는 설교의 여러 형태들

1 키아즘(Chiasm) 설교 _ 58
2 게마트리아(Gematria) 설교 _ 60
3 원어 설교 _ 62
4 시제 설교 _ 64
5 알레고리 설교 _ 65
6 삼중구조 설교 _ 69
7 인문학 설교 _ 74
8 즉흥 설교 _ 76

4부 결론

부록 유튜브 설교를 보고 보내온 글들 _ 83

코로나가 바꾸어 놓은 목회 현장

전 세계적인 전염병인 COVID-19가 전 세계를 패닉에 빠지게 했다. 이 코로나 팬데믹 때문에 불가항력적으로 교회들이 문을 닫게 되었다. 미국은 거의 1년 가까이 교회들이 문을 닫으면서 목회자들은 온라인 예배 또는 가정예배로 전환하면서 많은 목회자들은 목회의 생존에 대한 위협을 받게 되었고 목회자의 정체성에 대한 회의를 갖게 되었다.

주변의 목회자들이 지난 9개월간 또는 더 오랜 시간 전혀 예배를 드리지 못하면서 목회를 포기하고자 하는 분들도 계시기에 '어떻게든 목사님들에게 조금이나마 도움을 드릴 수 있을까'하는 마음으로 이 책을 저술하게 되었다.

여러 목사님들이 유튜브, 밴드, 그리고 카카오 톡 등으로 돌파구를 모색하고 있지만 온라인에 익숙하지 않은 목회자와 노년성도들이 많은 교회는 아무것도 하지 못하고 각각의 가정에서 예배를 드리고 있다.

4차 산업 혁명의 시대가 왔다며 여러 지역에서 다양한 세미나를 하고 변화된 환경에서 새로운 목회 현장이 나타날 것이라고 했지만 이렇게 빠르게 불가항력적으로 목회환경이 변하게 될지 전혀 예측하지 못했다. 코로나가 이 모든 것을 강제적으로 변화케 했으며, 이제 이 환경에 적응하지 못하는 자는 적자생존에 의해서 생존하기 어려운 시대로 접어들게 되었다.

따라서 이제 앞으로의 시대가 어떻게 변화될 것인가에 대한 구체적인 이야기보다는 '변화된 환경에서 어떠한 방향으로 목회를 해야 하는지', 특별히 '목회자의 역할 중 가장 큰 부분인 설교를 어떠한 방법으로 전해야 하는지' 그리고 '그것을 어떻게 전해야 하는지, 무엇을 전해야 하는지' 더하여 '효율적으로 효과적으로 전하려면 어떻게 해야 하는지' 여러분들과 나누어보려고 한다.

이제 설교자들이 너나 할 것 없이 유튜브, 줌, 위벡스로 여러 소셜 미디어 도구로 복음을 전하기 시작하고 온라인 예배가 점점 보편화되기 시작했다. 보수적인 신앙을 견지하는 목회자와 신학자 가운데에는 온라인 예배가 어떻게 예배가 될 수 있냐고 반문하는 분들도 있으나, 미국의 경우에는 아예 법으로 교회 문을 열지 못하기 때문에 이는 시대와 상황을 전혀 고려하지 않은 비판이라 할 수 있다.

기독교 역사를 보면 핍박과 박해를 피해 지하 동굴 카타콤에서 예배드렸고, 지금도 북한의 지하 교인들은 숨어서 몰래 가정에서 예배를 드리고 있다. 공산권 국가에서는 몰래 기독교 라디오 채널을 틀어놓고 예배를 드렸다고 한다. 지금도 아마존의 오지나 아프리카 같은 인터넷도 되지 않는 곳에는 위성을 통하여 예배를 드린다.

기독교인들이 복음의 본질을 지키면서 비본질적은 방법론은 좀 더 융통성 있게 대처하는 유연성을 견지하여야 할 것이다. 이는 강물이 없는 곳에서, 약간의 물을 구해 침례대신 세례를 행하면서 그리스도인으로 다시 태어나는 예식을 행할 수밖에 없었던 것을 상기 하면 이 또한 불가피함을 쉽게 이해 할 것이라 믿는다. 목회자가 없던 시절에는 평신도 사역자가 대신 말씀을 전할 수밖에 없는 것이다.

감리교는 요한 웨슬리가 성당 외에서 말씀을 전파한 것으로부터 성공회와 갈등을 일으키게 되었는데, 이로서 성공회와 감리교가 분리된 것이다. 시대와 상황의 변화를 수용하지 않고 한가지만을 고집하는 것은 결국은 도태되고 소멸되는 것이다.

우리가 소위 말하는 전통예배라는 것도 사실은 중세시대 예배 형태로 그 당시에는 파격적인 현대 예배였다는 것을 기억해야 한다. 카타콤 지하 동굴에서 어떻게 성가대를 조직하고 성직자가 초에 불을 켜고 입장을 하고 파이프 오르간을 치고, 성직자의 길 다란 옷을 입고 드렸겠는가? 이는 세계 2차 대전 때 러시아 정교회에서 성직자 가운을 몇 센티를 더 길게 해야 하는지 싸웠다는 이야기와 흡사한 의미 없는 논쟁에 가깝다.

지난 20여 년간 중국에 가서 지하 교회에서 예배를 드릴 때 중국 공안들에게 발각 될까봐 입만 벙긋 벙긋하며 소리 내지 않고 예배드린 기억이 있다. 당시 많은 사람들이 공식적으로 모일 수 없어 여러 가정 교회로 나누어 예배를 드렸었다. 예배는 그 환경에 따라 드릴 수밖에 없는 경우가 비일비재하다.

이처럼 코로나 이후 그리고 코로나와 함께하는 시대에서는 그 환경에 맞춰서 예배를 드릴 수밖에 없다. 마스크를 쓰고 또는 멀리 멀리 띄어 앉아서 대형집회보다는 여러 소그룹 모임으로 또는 인터넷으로 소통하며 예배하는 것이 기하급수적으로 늘고 이것이 일상이 될 것은 자명하다.

앞으로 뉴미디어를 통해서 새로운 목회형태와 새로운 미디어 목회자가 나타날 수도 있을 것이다. 이에 대한 비판과 문제가 나타날 수도 있겠지만 이는 막을 수 없는 물결이 되고 말았다. 미국도 이제 교회 건물을 가지지 않고 인터넷 예배 인터넷 설교만을 가지고 있는 인터넷 교회가 나타나기 시작했다.

예배란 무엇인가? 예배가 본래 하나님과 나와의 만남이라고 한다면 지금 우리가 주장하는 그 한 가지 예배 형태를 고집 할 필요가 없을 것이다. 종교는 영어로 'Religion'이다. 여기서 'Re'는 '다시' 'Ligio'는 '연결하다'는 뜻으로 '끊어졌던 관계를 다시 연결하는 것'을 말한다. 본래 서구 사회에서 '종교'란 기독교 밖에 없기 때문에 '기독교'는 '본질적으로 하나님과 나와의 끊어진 관계 그리고 사람과 사람의 끊어진 관계를 연결하는 것'이다. 반면 한자어의 '종교(宗教)'는 문자 그대로의 뜻으로 '으뜸 되는 것을 가르치는 것'을 말한다.

언어적으로 기독교는 하나님과 내가 하나가 되는 그래서 옛사람은 죽고 새로운 사람으로 거듭나는 것에 초점을 맞추며, 불교는 으뜸 되는 가르침을 통해 새로운 깨우침을 얻는 것이다. 그러나 교회가 점점 하나님의 음성을 듣고 새로운 나로 거듭나야함에도 불구하고 단순한 지식만을 전달하는 학교가 되어가고 있음을 피부로 느낀다. 교회가 내면의 변화보다는 너무 많은 프로그램으로 외형 확장에 지나치게 집중되어 있고 '실버 대학'이나 '아버지 학교' 등과 같은 마치 학교 수업을 받는 것 같은 지식 전달 기관으로 변질되는 듯하다. 본인 또한 이 비판에 자유로울 수 없으나 이제는 그러한 시대의 종말을 맞이할 수밖에 없으며, 기독교의 본질적인 측면에서 오히려 긍정적으로 볼 수도 있을 것이라는 생각이 든다.

코로나로 인한 최고의 축복은 다시 기독교의 본질로 돌아가도록 목회 환경이 반 강제적으로 만들어 졌다는 사실일 것이다. 교회의 대형화, 물량화, 세속화에서 이제 방향을 바꾸어 내면화 소그룹과 일대일 커뮤니케이션을 통해 제자 양성을 궁극적인 목적으로 해야 할 것이다.

1. 커뮤니케이션의 변화와 노출빈도

세상은 매우 급격하게 변화되고 있다. 미국은 코로나 이후 풀린 달러가 이제까지 풀린 달러보다 더 많다는 뉴스가 나왔다. 이제까지 경험해 보지 못한 세상이 도래하면서 이 급격한 변화가 언젠가 끝나는 것이 아니라 '뉴 노멀(New Normal)'의 시대 즉, 새로운 시대의 일상을 맞이하면서 기존의 전통적인 개념이 파괴되고 있다. 이제 어떻게 목회자들이 새로운 환경에 적응을 해야 하는지 사회과학적 연구의 도움을 받아서 하나씩 살펴보려고 한다.

커뮤니케이션은 계속해서 변화해왔다. 신문에서 라디오, 라디오에서

TV로 그리고 뉴미디어 인터넷 매체로 이제 그 뉴미디어가 손으로 들어와 스마트 폰 시대가 왔다. 그러나 지금까지 어느 커뮤니케이션 매체 하나도 사라지지는 않았다. 이제 미국의 아이들도 초등학생부터 대학생까지 전부 '줌(Zoom)'이라는 화상 채팅 앱으로 공부를 한다. 완전히 사이버 세상이 도래했다. 사실 성경도 '편지'라는 당대 최고의 커뮤니케이션으로 오늘까지 전달된 것이다. 따라서 커뮤니케이션의 변화에 따른 목회자들의 적응이 필요하다. 특히 이 뉴미디어 시대에는 목회자의 온라인 상황에서의 노출이 불가피해졌다.

그러나 보수적인 목회자들이 온라인을 통해서 말씀을 전하는 것에 거부감을 갖는 분들이 의외로 적지 않다. 여기서 한 가지 조사를 소개하고자 한다. 기업 투자자의 경우 77%가 회사가 아니라 CEO를 보고 투자를 한다고 한다. CEO 평판이 10%가 올라가면 기업 투자가 24%가 올라간다는 것이다. 미국 애널리스트들은 약 95%가 주식 매도 매수에 CEO 명성을 중시한다고 보고하고 있다.

이는 교회도 크게 다르지 않을 것이다. 코로나 상황에서는 앞으로 그런 현상이 더욱더 두드러질 것이다. 교회는 그 교회의 조직과 시스템보다는 그 교회를 대표하는 담임목사의 인지도에 더욱 더 영향을 받게 될 것이다. 목회자의 신뢰도가 교회와 기독교의 신뢰도와 상관관계를 가지는 것은 당연한 것이다.

이제 예배도 더욱 말씀 중심이 될 수밖에 없다. 설교자의 말씀이 얼마나 인간 내면에 대한 고민이 있었는지? 그리고 얼마나 성서에 대한 깊은 고찰이 있었는지에 따라서 그 말씀을 사모하는 자들이 온라인 속으로 모여 들게 될 것이다. 따라서 목회자의 본질인 성서연구와 묵상은 더욱더 깊어져야 할 것이고 우리 삶을 설교에 투영할 수 있어야 할 것이다.

앞으로 사회는 더욱더 4차 산업에 기인한 사이버 세상으로 갈 것이고, 비대면 사회로 전환이 더욱 심화될 것이기에 교회의 전통적인 시스템과 조직도 중요하지만 그 기관의 대표자와 메신저는 더욱 영향력을 갖게 될 것이다.

지난 코로나 기간 동안 벌써 온라인을 통해서 알려지고 부각되어지는 목회자들이 나타나고 있다. 교회들을 가지 못하니 유튜브 접속률은 더욱더 많아지고 유튜브로 예배드리는 분들이 예배를 쇼핑하기 시작했다. 여기서 인터넷을 통해 예배드리는 분들이 가장 주목하는 것은 당연 설교의 내용일 것이다.

한 연구에 의하면 CEO가 미디어에 노출될수록 기업과 상품의 신뢰가 증가된다는 연구가 있다. 심리학자 로버트 제이용크(Robert Zajonc, 1923-2008)의 실험에 의하면 낯선 사람보다 자주 노출된 사람의 호감도가 더 높았다. 이제 목회자도 얼마나 자주 노출 되느냐가 앞으로 중요한 이슈가 될 것이다. 물론 무조건 자주 노출 된다고 그 영향력이 높아지는 것은 아니다. 좋지 못한 컨텐츠로 노출빈도가 높아지면 오히려 악영향을 미칠 수도 있다. 그러나 좋은 컨텐츠로 감동을 줄 수 있는 내용을 가지고 노출이 된다면 그 기관이나 메신저의 신뢰는 향상 될 것이다.

영화의 필름은 1초에 24장의 스틸 사진으로 되어 있다. 이 24장의 사진 중에 한 장의 사진을 바꾸면 그 영화를 보는 사람은 그 한 장이 바꾸어져 있다는 것을 절대로 인지를 못하게 된다. 그럼에도 24장중 1장의 사진을 코카콜라 사진으로 바꿔서 영화 관람을 하게 한 후 반응을 조사한 적이 있다. 이를 '역하지각 기법(Subliminal Effect)'이라고 한다. 잠재의식을 공략한 기법으로 한국에서는 무의식을 통한 상업적 광고라 하여 불법이다. 이러한 실험의 결과가 영화 관람 후 많은 수의 관중들이 음료수를 사먹는다는 결론에 도출하게 되었다.

그 영화 속에서 콜라를 봤다는 기억조차 없는 이들에게 그 무의식에 어떤 이미지를 심어주는 것이다. 이런 사실을 통해서 우리는 왜 신용카드 회사들이 지속적으로 집으로 우편물을 보내는지, 그리고 왜 많은 자동차 회사들이 끊임없이 TV에 유튜브에 자동차 광고를 삽입하는지 알게 된다. 철저히 상업적인 회사들이 이유 없이 돈을 그러한 곳에 쏟지는 않을 것이다. 즉, 효과가 있기 때문이다.

이제 목회자들은 온라인상에 자기의 의지와 상관없이 노출해야만 되는 시대가 왔다. 이는 사도바울이 파피루스 편지로 복음을 증거 했던 것과 같은 것이다. 끝까지 대면 복음을 주장하고, 대면 예배만을 주장한다면, 예수님 시대에 12제자와 사도바울의 복음의 능력의 차이가 어디에 있었는가 한번 숙고해보기를 바란다. 가장 큰 차이는 편지, 즉 커뮤니케이션 도구의 활용이었던 것이다. 사도바울은 편지라는 커뮤니케이션 도구로 대략 13권의 신약성서를 기록하여 지금까지도 많은 사람에게 영향력을 끼치고 있다.

목회자의 온라인 노출이 부담이 되기도 하지만 목회자의 삶이 더욱 더 공개되어지기 때문에 오히려 윤리적으로 도덕적으로 공증 받는 삶을 살도록 노력하게 될 것이다. 그리고 그러한 삶의 자리로 던져 진 것이 지나온 시간 동안 타락했던 성직자의 자화상이나 비윤리적인 모습의 자리를 탈바꿈하는 계기가 될 수도 있다고 본다.

2. 카메라 노출과 이미지 변화의 상관관계

예전 피디 연합회에서 첫 민선 대통령 선거 시 미디어의 영향조사를 발표를 했다. 그리고 당시 노태우, 김영삼, 김대중 대권 후보들의 미디어 노출 빈도 및 카메라 앵글 조작에 대한 연구를 발표했다. 노태우 후보의 경우 카메라 앵글을 아래서 위로 잡는 로우 앵글을 사용해서 위엄과 신뢰를 주고, 김영삼 후보와 김대중 후보는 정면으로 잡는 수평 앵글 또는 위에서 아래로 잡아 가벼운 이미지를 더했다. 카메라 샷도 노태우 후보는 바스트 샷으로 무게감과 신뢰도를 높이는 효과를 주고 김영삼 후보와 김대중 후보는 주로 웨스트 샷을 잡았다.

카메라 앵글은 시청자로부터 착시 현상을 주기 때문에 카메라 앵글을 아래서 위로 잡는 로우 앵글을 사용하면 마치 내가 아래에서 위를 쳐다보는 착시 현상을 준다. 이러한 조직적인 지원에 힘을 얻어서 인지 노태우 후보는 시간이 갈수록 인지도와 지지도가 상승하게 이르렀고, 가장 낮은 지지도에서 결국 가장 높은 지지도를 얻고 대권을 얻게 되었다.

추후 조사한 결과 노출 빈도와 시간도 현저하게 차이가 났던 것으로 확인되었다. 이제는 시대가 바뀌어 카메라 앵글을 아래에서 위로 잡는 권위적인 화면보다는 좀 더 자유롭고 편안한 앵글을 선호한다. 또한 장시간 바스트 샷으로 화면을 노출하면 시청자에게 부담이 되기도 한다. 따라서 요즘은 설교자들에게 주로 웨이스트 샷을 사용한다.

이런 사실들을 통해서 카메라 노출의 방법에 따라 그리고 빈도수에 따라 한 사람의 이미지를 얼마나 많이 변화시킬 수 있는지 확인할 수 있다. 캐나다 미디어 이론가 허버트 마샬 맥루한(Herbert Marshall McLuhan, 1911 - 1980)이 '미디어는 인간의 확장'이라고 말한 것처럼 이제 미디어를 통하지 않는 메시지는 마샬 맥루한에 의하면 고립된 섬에 갇힌 인간이 되는 것이다.

빌리 그래함(Billy Graham, 1918 - 2018) 목사가 세계적인 설교자가 된 것에 미디어의 힘이 큰 영향을 미쳤다. 또한, 조엘 오스틴(Joel Osteen, 1963 -) 목사 역시 현재 미국에서 가장 큰 교회를 담임하고 있는데, 이분도 사실 미디어의 영향이 컸음을 누구도 부인하지 못한다. 조엘 오스틴 목사는 신학 공부도 하지 않은 분이다. 이분의 설교는 신학 공부를 하지 않았기 때문에 그렇게 깊고 심오하고 신학적이지는 않다. 대신에 주로 많은 성도들에게 긍정의 메시지를 주고 소망을 주는 데에 집중을 한다. 신학을 공부하지 않은 약점이 오히려 일반 성도들에게 누구나 들어도 알아들을 수 있는 아주 쉬운 언어와 단어를 구사하는 장점으로 활용된 케이스다. 나는 2004년에 미국으로 이민 와서 공영방송을 본 적이 있다. 아마도 ABC 방송이었던 것 같은데 이분 설교가 나와서 놀랐던 적이 있다. 미국 공영방송에서 목회자 설교가 어떻게 나올 수 있는지 의문이 들었다. 미국의 공영방송에 목사가 나오는 것은 매우 드문 현상이다. 특히나 이 분의 설교를 매주 송출 했으니 이분의 미디어 사랑과 공격적 마케팅이 세계적으로 인지도를 높이는 데에는 성공을 했다고 볼 수 있다. 이 분의 책이 베스트셀러가 되고, 가는 곳마다 메인스타디움을 꽉 채운 집회를 했으니 어느 아이돌 스타 못지않은 대중 영향력을 가지게 되었다. 수만 명의 성도들 앞에서 설교를 할 때도 꼭 카메라를 응시하면서 설교를 하니 미디어 설교자로 매우 잘 훈련되어졌다고 볼 수 있다. 물론 이를 비판하고 공격하는 분들도 적지 않으나 그 분을 통하여 복음이 좀 더 보편적으로 많은 이들에게 소개 된 부분은 긍정적으로 평가해야 하리라 본다.

온라인 노출은 이제 불가피한 시대를 살게 되었다. 온라인을 활용하여 대통령도 선출되고 대통령 자리에서 하야되기도 한다. 이집트의 무라바크 대통령의 독재를 종식시킨 것이 페이스북과 트위터를 통한 집회광고를 통해서 이루어졌다고 하니 SNS 파워는 실로 막강하다고 할 수 있다. 이제 목회자들이 스마트 폰 하나 가지고 자신이 전하고자 하는 메시지를 여과 없이 시간과 공간 제한 없이 마음껏 할 수 있게 되었다. 이 유튜브 설교의 강점은 생방송과 녹화방송 공유와 참여가 가능하고 시간과 공간에 전혀 제한을 받지 않는 것이다.

침실에서 자면서도 들을 수도 있고, 심지어는 화장실에서도, 샤워하면서도 들을 수 있고 볼 수 있다. 내가 공감을 하면 공유할 수 있고, 감동이 오면 '좋아요'를 클릭해서 소극적으로 공감표시를 할 수 있고, 댓글을 남길 수도 있고, 더하여 자체적으로 후원을 할 수도 있다.

코로나 이후 나도 지금 줌을 통해 2-3개의 목회자 모임을 정기적으로 하고 있는데, 모든 목사님들에게 기회가 되는대로 유튜브 설교를 하라고 권한다. 아무것도 안하는 것보다 낫기 때문이다. 코로나로 집에서 말씀만 묵상하는 분들도 적지 않은데 내가 묵상한 것을 나누기만 해도 그것으로 의미가 있다고 본다. 많은 사람이 보지 않아도 일기처럼 내 스스로 묵상하는 것을 기록한다고 생각하면서 복음을 증거 하면 되는 것이다. 미국에서 자주 쓰는 말이 있다.

'Something is better than Nothing(아무것도 안하는 것보다 뭐라도 하는 게 낫다.)'

3. 무엇을 전해야 하는가?

많은 목사님들이 성도 없이 카메라 앞에서 또는 전화기 앞에서 어떤 설교를 해야 될지 모르겠다고 한다. 어려울 것이 없다. 각자 자기가 좋아하는 것, 자기가 묵상한 말씀을 나누면 되는 것이다. 기도하다가 받은 말씀을 나누면 된다. 모든 말씀은 시대에 영향을 받기 때문에 이 시대를 읽고 나누면 더 좋겠다는 생각이 든다.

너무 급격한 환경의 변화로 많은 사람들이 충격을 받았다. 뉴스에 의하면 우울증 환자가 많아지고, 폐업 신고가 늘었다고 한다. 이때 사람들에게 필요한 것이 무엇일까 2차 세계 대전 이후 위르겐 몰트만(Jürgen Moltmann, 1924 -)이 들고 나온 희망의 신학처럼 코로나 이후 우리에게 필요한 복음은 기독교의 본질과 소망의 메시지라고 본다.

GE의 CEO 잭 웰치(Jack Welch, 1935 - 2020)가 미시간 대학 MBA

특강에서 'CEO에게 중요한 것은 자신의 에너지를 다른 사람의 에너지로 넘치게 하는 것 그리고 행동으로 실천하게 하는 것이다.'라고 말했다. 코로나로 우울하고 절망가운데 있는 이 때에 목회자들이 삶을 포기하지 않고 하늘의 소망을 가지고 그 긍정의 에너지를 여러 사람들에게 나누는 것 그것이 바로 지금 성직자들에게 주어진 최고의 책무일 것이다. 의사와 간호사들이 코로나의 최전선에서 목숨을 걸고 사투를 벌이고 있다고 한다면 성직자는 그 뒤에서 두려워 떨고 있는 자들에게 평안과 안정 그리고 소망을 주어야 된다.

나는 군대에서 군인교회를 담임하면서 정훈 병을 겸임했었다. 주말마다 정훈 병들은 연병장에서 작업을 하거나 운동하는 장병들에게 스피커를 통해 군인의 자세나 올바른 정신 상태를 가지기 위해 감동적인 이야기를 전하며 정신 교육을 한다. 나는 일반 사병들이 듣지도 않는 이것을 왜 하는지 궁금해 했던 적이 있다. 그러나 추후 정신교육이 왜 중요한지를 알게 되었다.

내가 처음 썼던 "성경에서 심리학을 읽다"라는 책에서 소개한 내용 중 하나다. 냉동버스에서 한 사람이 갇혀 얼어 죽었는데, 나중에 알고 보니 사실 냉동버스의 냉동 칸은 고장 나 있었던 것이다. 이는 그 사람의 믿음이 그를 죽인 것이다. 상하지 않은 멀쩡한 우유를 먹고도 옆 사람이 상한우유라고 이야기하면 몸에 두드러기 현상이 나타나고 체하는 것과 같은 원리이다.

사람은 무엇을 듣고 믿느냐에 따라 영향을 받는다. 왜 군대에서 행군할 때 군악대를 제일 선두에 두고 행진을 하는가? 이는 곧 사기와 정신이 너무나 중요하기 때문이다.

교육 심리학에 '피그말리온 효과'라는 것이 있다. 선생이 학생을 칭찬하고 그에 대한 긍정의 기대가 그 학생의 성적을 높인다는 연구결과다. 어린 코끼리는 말뚝에 줄을 묶어서 그 행동을 제한하면 어른 코끼리가 되어서도 그 말뚝의 축에 의해 행동반경이 결정이 된다고 한다. 설교자는 그 말뚝을 뽑아주거나 묶여 있던 줄을 끊어 버리는 메시지를 전해야한다.

예전 KBS에서 한 실험을 했는데 실험자들이 노인과 관련된 글을 읽고 걸음걸이가 얼마나 느려지는지 그리고 젊은이와 관련된 글을 읽고 걸음이 얼마나 빨라지는 지를 실험해서 사람이 말과 글에 영향을 받는다는 것을 밝혀냈다. 사람은 무엇을 듣는 지 또는 무엇을 보는 지 그리고 무엇을 믿는가에 따라 큰 영향을 받는다. 그에 따라 모든 사물과 사건을 바라보기 때문이다.

성경은 한마디로 말하면 전체가 소망의 메시다. 이집트에서 종살이 하던 그들에게 해방의 메시지를 전하고, 죽을 수밖에 없는 인류에게 새로운 세상에 대한 소망을 전하는 것이다.

이 소망을 전하는 것이 목회자의 일이다. 그런데 이것을 이제는 꼭 사람 대 사람으로 만나서 할 필요가 없어진 것이다. 앞서 수차례 언급했듯이 편지로 전해도 되는 것이다. 이제는 새로운 뉴 노멀의 시대에 줌으로 밴드로 카카오 톡으로 그리고 유튜브로 전할 수밖에 없게 된 것이다.

"맹인이 보며 못 걷는 사람이 걸으며 나병환자가 깨끗함을 받으며 못 듣는 자가 들으며 죽은 자가 살아나며 가난한 자에게 복음이 전파 된다하라"(마태복음 11:5).

4. 미디어를 통한 메시지 전달의 파급효과

미국의 한 통계조사 기관에서 조사한 내용이 있다. 미국 크리스천 가정에서 우리 자녀들이 17살 때까지 보내는 시간을 조사했다. 교회에서 보내는 시간이 800시간, 가정에서 보내는 시간이 2,000시간, 학교에서 보내는 시간이 11,000시간, 미디어와 보내는 시간이 63,000시간으로 조사결과가 나왔다.

따라서 자녀들의 신앙 교육 정신교육을 교회에 위탁하는 것은 매우 위험하다고 할 수 있다. 위 통계처럼 기독교 가정과 교회에서 보내는 시간은 우리 일상에서 가장 적은 부분이기 때문이다. 반드시 가정교육이 병행 되어야하고, 가능하면 학교 교육도 병행되어야할 것이다. 그러나 무엇보다 월등하게 많은 시간을 보내는 것이 미디어와 함께하는 시간으로 나온 것을 보면, 우리 아이들에게 미디어가 주는 영향력은 정말로 지대하다고 할 수 있다.

한국에서는 2015년 10월 수도권 초등학교 4-6학년 260명을 조사한 자료가 있다(자료 초록우산 어린이재단). 하루 평균 미디어 이용시간이 스마트 폰 1.98시간, TV 1.85시간, 컴퓨터 1.41시간, 라디오 0.17시간이다. 스마트 폰과 컴퓨터를 합치면 하루 네 시간 가까이를 뉴 미디어와 접하고 있는 것이다. 이때에 여전히 아날로그 접촉만을 주장한다면 본질과 비본질을 구분 못하고 많은 영혼을 빼앗기는 결과를 도래하게 될 것이다.

정치인들이 선거철만 되면 SNS를 비롯하여 소통에 집중하는 것도 미디어 노출과 신뢰도와의 상관관계를 인지하기 때문이다. 오바마 전 미국대통령도 SNS를 효율적으로 이용한 후보로 평가 받고 있다. 지금 미국의 대통령인 트럼프도 트위터로 자신의 뉴스를 자신이 실시간으로 직접 전하고 있다.

이제는 패스트푸드 사회에서 빠르고 쉽고 간편한 것을 선호하게 되어 말씀도 긴 설교보다 짧은 메시지를 자주 주는 것을 선호하게 되었다. 온라인상의 메시지는 신속성과 지속성 그리고 편리성과 간편성을 포함하지만 계속 남아 있다는 점과 불특정 다수가 보기 때문에 잘못 전해진 정보나 말실수 등으로 돌이킬 수 없는 이미지 훼손이나 씻을 수 없는 상처를 남기기도 한다. 잘못 뱉은 말로 평생 그 말에 올무가 되어 많은 사람의 지탄의 대상이 되기도 한다.

또한 잘못 전해진 말은 아니어도 왜곡된 말이나 편집된 말로 가짜 정보나 뉴스 또는 루머가 한번 고착 되면 잘 회복되기가 어려워진다. 그래서 연예인들이나 기업이 악성 루머에 적극 대처하는 것도 한번 나빠진 이미지가 회복이 되기 쉽지 않기 때문이다. 이민 교회의 한 조사기관에 의하면 이민 교회의 평판이 바뀌는데 평균 약 칠년이 걸린다는 조사가 있다. 한번 고착된 이미지를 탈바꿈하기가 그렇게 어려운 것이다. 왜 북한이 대북확성기에 그렇게 민감하게 반응을 했는지 생각해볼 문제다. 히틀러의 입으로 불려졌던 괴벨스는 거짓말은 처음에는 부정하고 의심되지만 그것이 반복되면 사람들은 믿게 된다고 했다.

　미디어를 통한 소문으로 흥하고 망한 기업들도 너무나도 많다. 삼양 라면이 공업용 기름을 쓴다고 해서 파산 직전까지 갔었지만 나중에 전혀 문제가 없는 것으로 밝혀졌다. 그러나 그 피해는 되돌릴 수가 없었던 것이다.

　트로이 목마 이야기를 실화로 알고 있는 분들이 적지 않게 있는 것을 알고 의외로 놀란 적이 있다. 이는 그리스 신화에 나오는 이야기다. 여러 번 듣게 되면 사람은 그것을 믿고 영향을 받게 된다는 이론이다. 마치 바보 온달과 평강 공주의 이야기와 같이 바보 온달과 결혼시키겠다는 이야기가 결국 이루어지는 것처럼 사람은 보고 듣는 것에 영향을 받게 되어 있다.

　공항에서 한 사람이 옆에 앉아있던 덩치가 좋은 공항 직원을 페이스북에 동영상으로 올렸다. 이 공항직원이 혼자 계속 중얼거리자 그 영상을 본 사람들은 그가 정신이 온전치 못한 사람이라고 판단하고 그러한 사람을 채용한 항공회사를 비난하는 이메일을 보내고 결국 그 회사의 주가가 폭락한 적이 있다. 정신병자를 채용했다고 비난 글이 쇄도한 것이다. 알고 보니 그 직원이 혼자 중얼 거린 것이 아니라 옆 사람과 대화를 하고 있었는데 몸이 커서 옆 사람이 보이지 않았던 것이다.

　이렇게 잘못된 미디어의 메시지 또는 왜곡된 메시지 정보는 커다란 문제를 야기 시킨다. 따라서 이러한 부분은 미디어를 활용하는 데에 조심해야 할 부분이다. 목회자들의 잘못된 언어사용이 추후 문제가 될 수 있음을 알아야 하며, 악의적인 편집으로도 사회적 이슈가 될 수 있음을 인지해야한다.

따라서 미디어 상에서 성직자는 언어에 조심을 해야 할 것이다. 그렇다고 이를 피한다면 구더기 무서워 된장 못 담그는 것과 같은 것이다. 이제 더 이상 피할 수도 없는 세상이 왔다. 이젠 평상시에 언어에 대한 훈련이 필요하다고 본다.

성경에 사도바울이 자신의 사도성과 설교 등에 대해서 일일이 변명하는 모습이 나온다. 이는 잘못된 이미지가 고착화되지 않기 위함이다. 그러나 건강하고 파급력 있는 메시지나 우리를 감동케 하는 사건이 미디어를 통해서 널리 알려지면 메신저의 메시지가 강력한 파워를 갖게 되는 것도 심심치 않게 볼 수 있다.

5. 신앙과 철학의 재생산

산업 심리학에서는 직원 교육이 직원으로 하여금 30배의 가치를 더하여 회사로 돌아오게 한다는 연구 결과가 있다. 이 이론에 의하면 직원을 교육시키는 CEO가 능력 있는 CEO가 되는 것이다. 일상적인 업무를 전달하는 것이 아니라 직원의 태도와 의식 가치관과 목적의식을 심어주는 교육이 자기 공동체에 자부심을 느끼게 하고 그것이 곧 자기 기업의 발전으로 연결되는 것이다.

예수님도 그의 공생애 전체를 자기 제자를 교육 시키는 데에 바쳤다. 그리고 땅 끝까지 복음을 증거 하는 일이 제자들에게 위임됐다. 위임은 교육으로만 가능했던 것이다. 공동체 교육은 공동체 이념이 확장되는 것을 말한다. 교회가 부흥하기 위해서는 교인과 부교역자를 교육시켜야하며 사업이 발전하려면 직원과 판매직원 교육에 투자를 해야한다. 특별히 작은 교회와 자영업을 하는 분들은 더욱 더 스태프들의 교육을 필요로 하는데, 오히려 규모가 작다는 이유에 교육을 시키지 않는 경우가 많다.

지금 코로나로 많은 선교사들이 한국으로 다시 귀국하고 있다고 한다. 어쩌면 다시 되돌아가지 못하는 선교사가 있을 수 있다. 많은 선교사들이 학교선교 또는 교회를 세워놓고 귀국했다고 하는데 이제 선교지에서 현지인들을 중심으로 다음 지도자를 양성하는 것이 선교의 궁극 목적이 되어야 한다. 마치 한국의 연세대학교를 비롯한 선교사들이 세운 학교를 이제는 더 이상 외국 선교사들이 운영하지 않고 우리들이 직접 운영하는 것과 같이 우리 한국 선교사들의 궁극 목적도 현지 지도자를 세우는 것에 목표가 있어야 한다. 그렇게 하려면 그들에게 신앙, 지식과 철학 이념을 심겨주어야 할 것이다. 이제는 코로나로 인해 대규모 대면 교육이 힘들어졌기 때문에 다른 도구를 찾아서 신앙의 재생산 삶의 철학을 교육해야 한다.

이제는 소그룹과 카카오 톡 그룹 방, 줌, 밴드 등으로 작은 그룹을 제자교육의 통로로 사용할 수 있게 되었다. 예전에는 함께 식당에 가고 함께 숙식을 하며 친밀감을 갖게 되었는데 이제는 미디어를 사용하여 인지도와 친밀도를 높여야한다.

이제 대규모 모임대신 소그룹 모임을 통한 진정한 제자 교육이 시작될 시점에 이르렀다. 본래 공부라는 것도 한자어 "쿵푸"의 우리나라 발음이다. 즉, 공부는 머리로 하는 것이 아니라 몸으로 하는 것이다. 이는 마치 신라의 화랑도 몸과 마음 그리고 정신을 수양한 것처럼, 우리 삶에 영향을 주는 살아 있는 전인 교육이 되어야하는데, 이제까지 수많은 교회들이 학교가 되어서 그저 지식을 전달하기에 바빴다고 본다. 수많은 프로그램들이 그냥 머리를 채워주는 역할에 집중했던 것이다.

이제 기존의 구역, 목장, 셀, 속회 등의 소그룹보다 더 작은 수로 모여야 되기 때문에, 감리교의 밴드 개념의 2-3명 단위의 아주 작은 단위가 필요하게 되었다. 이제 삶을 나누는 제자교육이 실제로 이루어질 수밖에 없는 환경이 도래 한 것이다. 줌이든, 밴드, 또는 카카오 톡을 통해서 아니면 2-3명의 대면 만남을 통해서 제자를 양성하게 된 것이다. 머리로 하는 지식 전달이 아니라, 삶을 나누면서 말씀이 육신이 되는 성육신 교육이 시작 되는 것이다.

우리 교회의 한 분은 카카오 톡으로 20개의 방을 만들어서 각 방마다 40명이 함께 하는 기도모임 방을 만들어 '온라인 기도 운동'을 하는 분이 생겼다. 시대가 변화되고 있고 여기에 새로운 커뮤니케이션 도구가 사용되고 있다. 이에 적응하면서 기독교의 본질로 돌아가는 것이 이 코로나가 준 어쩌면 화가 변하여 복이 되는 시점을 맞이한 것일 수도 있다.

코로나 시대의 설교

코로나 시대를 통해 특이한 현상이 일어났다. 좋은 의미의 공교회 개념이 정착되는 것 같다. 네 교회, 내 교회가 사라지고, 너희 교회 목사님, 우리 교회 목사님이 사라져 버린 것이다. 미국은 각 주마다 예배당 문을 행정명령을 내려서 법적으로 닫게 했다. 다들 집에서 예배를 드리게 되니, 많은 성도들이 이제 온라인으로 쇼핑하듯이 이 교회 저 교회를 방문하였다. 교회 사정 상 온라인 예배를 드리지 못하는 교회 성도 분들이 자기에게 맞는 교회를 찾아서 함께 온라인으로 예배를 드리게 된 것이다.

우리 교회도 유튜브 생방송을 통해서 주일 예배, 주중 예배, 그리고 특별 예배를 8개월 이상 드리고 있다. 미국 안에서는 텍사스, 뉴욕, 엘에이, 샌프란시스코, 워싱턴에 계시는 분들이 함께 들어와 예배를 드리고, 미국 외에도 캐나다 밴쿠버, 태국, 멕시코 현지 한국교민들이 우리 교회 유튜브에 들어와서 예배를 드린다. 한국에서도 부산, 의정부, 서울,

인천, 부천, 강원도, 전라도, 제주도 까지 곳곳에서 예배를 드리고 문자로 또는 댓글을 남기고, 헌금도 세계 곳곳에서 또 미주 내 여러 곳에서 보내오고 있다.

이제는 내 교회가 사라지고, 주님의 교회, 공교회가 되어가고 있는 것이다. 이제는 우리 교회만의 목사님이 아니라 우리 모두의 목사님이 되는 것이다. 이는 긍정적으로 보면 초기 기독교의 정신에 부합하고 성서적인 현상이라고도 할 수 있을 것이다.

반면 유튜브에서도 부익부 빈익빈 현상이 나타나고 있다. 유튜브 세상에서는 유사한 컨텐츠나 누구나 아는 그런 메시지보다 좀 더 다른 설교를 전하면 좋을 것 같아 어떠한 설교를 전하는 것이 이 시대에 필요한지 나누어보려고 한다.

1. 쉬운 설교를 요구하는 시대

성경에 나타난 초대 교회의 직분은 흔히 9가지로 분류한다. 사도, 예언자, 교사, 감독, 장로, 집사, 목사, 전도자, 말씀 전하는 자로 구분한다. 그런데 2-3세기 초대 교부 문서에 보면 성경에 나타난 것 외에 비중이 적은 직분이 6가지가 더 있었다. 부 집사(Sub-Deacon), 복사(Acolyte, 예배조수), 축사자(Exorcist), 문지기(Door Keeper), 낭독자(Reader), 과부(Widow, 중보 기도자)의 직책이다.

우리 교회는 말씀 낭독자라는 초대 교부시대의 조직을 살려서 예배와 말씀을 전할 때 설교자의 목소리 외에 여자 낭독자 목소리가 혼합

되도록 했다. 이는 목회자 외에 교인의 목소리를 중간에 삽입함으로 예배에 참여하는 분들의 집중도를 높였다.

오랜 시간 한 사람의 목소리만 계속해서 들리는 것이 아니라 성경 구절이나 인용 등은 별도의 목소리로 처리하고, 그 짧은 시간 설교자는 잠시 휴식을 취하면서 다음 말씀을 나름 준비하며 구성하게 된다.

내가 시무하는 팜스프링스 한인 교회는 처음에는 설교 CD 발송으로 부흥하기 시작했다. 본 교회에 참석하는 분들의 주소를 받아 설교 CD를 발송해주었다. 그렇게 말씀 CD가 전해지자 2시간 거리의 얼바인이라는 도시에서 오시는 성도들도 생기고, 원거리에서 헌금을 정기적으로 보내주는 분들이 생겼다. 즉, 말씀 구독자들이 한 분 한 분 생기기 시작한 것이다. 이후 설교가 미국에서 TV로 송출되기 시작하면서 설교 방송을 듣고 마약을 끊고 찾아온 연예인도 있었다.

이를 통해 설교를 기독교인에 한정하면 안 되겠다는 생각을 하였으며 열린 설교를 지향하게 되었다. 기독교 예배 가운데 열린 예배, 구도자 예배라는 용어가 있다. 즉, 비 기독교인들이 참여하기 편안한 예배를 구성하고 드린다는 것이다. 그러나 열린 설교라는 말은 들어본 적이 없다. 목회자들의 설교가 너무 기독교인들에게만 맞추어져 있는 것을 느꼈다. 설교의 언어가 너무나 어렵고, 전문용어가 많아서 무슨 말인지 못 알아듣는 분들이 많았다.

우리가 신약성경이 당시 시장 언어인 '코이네'라는 헬라어로 기록되었음을 상기해야할 것이다. 이제는 코로나로 많은 신자들은 물론, 비신자들도 목회자의 설교를 인터넷으로 보는 경우가 많아졌다. 그런데 무슨 이야기인지 도통 모르는 기독교인들만 이해하는 전문용어로 설교를 한다든지, 신학생이나 이해할 수 있는 신학적 용어로 설교를 한다든지, 교리에 집중한 설교를 한다면 기독교에 큰 관심이 없는 자들에게 전혀 매력적이지 않을 것이다.

성경 66권 중에도 율법에 능통한 유대인을 향한 성경과 이방인을 위한 성경이 구분 되어 있다. 그와 마찬가지로 신자를 위한 설교와 비신자를 위한 설교가 같이 선포되어야 할 것이다. 특별히 유튜브 설교는 가족들도 같이 듣는 경우도 많기 때문에 더욱 그렇다. 그래서 목회자들의 설교가 좀 더 쉬어야 한다.

"누구든지 목마르거든 내게로 와서 마시라"(요한복음 7:37).

2. 뻔한 설교는 이젠 듣지 않는다.

우리가 흔히 예측 가능한 드라마와 영화가 흥행에 성공한 예는 거의 없다. 설교도 마찬가지다. 설교는 하나님의 말씀을 전하는 것이다. 그러나 그 하나님의 말씀이 정확히 전달되어졌을 때, 성경에 보면 두 가지 반응이 나타났다. 하나는 양심에 큰 찔림이 있게 된다. 이는 회개를 하든지 분하여 돌을 던지든지 하게하고, 또 다른 하나는 사람들이 듣고 크게 놀라는 경우다. 즉, 감동을 받고 감탄을 했다는 것이다.

많은 이들이 사도바울도 설교가 좋지 않았다고 하면서, 감동 없는 설교를 사도바울의 설교에 비교하기도 하는데 사실은 그렇지 않다. 사도바울은 뛰어난 설교가였다. 그의 설교를 듣고 귀부인들이 그를 따라다녔다고 성경에 기록되어 있다.

> "뜻을 풀어 그리스도가 해를 받고 죽은 자 가운데서 다시 살아나야 할 것을 증언하고 이르되 내가 너희에게 전하는 이 예수가 곧 그리스도라 하니. 그 중의 어떤 사람 곧 경건한 헬라인의 큰 무리와 적지 않은 귀부인도 권함을 받고 바울과 실라를 따르나"
> (사도행전 17:3-4)

나는 이 본문을 수도 없이 읽었다. 왜 사도바울은 그가 입에 둔한 자라고 하였는가? 사도바울은 그를 비난한 자들의 입장에서 그렇게 말한 것이지 전혀 입에 둔하거나 설교가 약한 자가 아니었다. 심지어 사도바울의 설교를 듣고 사람들이 그의 설교가 너무 좋아 앵콜 설교를 요청하기도 했다. 나 역시도 중국 지하교회에서 주일 설교를 하였고 앵콜 설교를 해 달라 해서 이른 아침부터 저녁 늦게까지 설교를 한 적이 있었다. 이것은 듣는 자들이 은혜를 받았기 때문에 가능한 것이지 지루하고 입이 둔한 자의 설교를 듣고 또 해 달라고 하지는 않았을 것이다.

> "그들이 나갈 새 사람들이 청하되 다음 안식일에도 이 말씀을 하라 하더라"(사도행전 13:42)

그런데 왜 고린도 교인들은 사도바울의 설교에 대해서 부정적으로 평가했을까? 설교 평가만큼 주관적인 것도 없을 것이다. 나는 아무리 좋았어도 옆 사람은 별로일 수 있으며, 특별히 특정 앵글을 끼고 본다면 더더욱 그럴 것이다.

"내가 비록 말에는 부족하나 지식에는 그렇지 아니하니..."(고린도후서 11:6)

이 본문을 제외한 나머지 본문에서는 사도바울의 설교가 엄청난 영향력이 있음을 증명하고 있다. 성경은 사도바울의 설교를 듣고 믿는 사람이 많았고 헬라의 귀부인과 남자가 적지 않다고 적시하고 있다.

"그 중에 믿는 사람이 많고 또 헬라의 귀부인과 남자가 적지 아니하나"(행 17:12)

위에서 보는 바와 같이 사도바울의 설교를 듣고 사람들이 마음에 찔림을 받고, 놀랐다는 점에 우리는 주목해야 한다. 사도바울이 말에 부족하다는 것은 실제 상황과 괴리가 있다. 이것은 그의 겸손의 표현이었지 실제로 말이 부족하지 않았다. 고린도 교회의 분쟁과 사도바울을 시비하는 이들에 대한 변론의 한 방법이었을 뿐이다. 그의 설교를 듣고자 하는 팬 층이 적지 않았다.

구약의 모세 역시 마찬가지다. 그가 입에 둔하다 하여, 설교가 좋지 못하였다고 하는 분들이 있다. 모세는 왕의 교육을 받은 사람이다. 그는 웅변도, 연설도 분명 많이 했을 것이다. 그런데 그가 왜 입이 둔하다고 하였을까?

> "모세가 여호와 앞에 아뢰어 이르되 이스라엘 자손도 내 말을 듣지 아니하였거든 바로가 어찌 들으리이까 나는 입이 둔 한 자니이다"(출애굽기 6:12)

나는 이 본문을 수차례 읽고 또 묵상했다. 모세의 설교를 듣고 사람들이 엄청난 영향을 받았던 장면이 모세 오경에 너무나 많이 나와 있기 때문이다. 특별히 그의 마지막 고별 설교인 신명기를 읽으면 모세의 설교에 감동을 받지 않을 수가 없다. 그의 설교문을 통해 미국의 대표적인 햄버거 프랜차이즈인 '인앤아웃(In-N-Out) 버거'가 탄생할 정도로 모세의 설교는 최고의 설교가라고 할 수 있다. 그런데 왜 그는 입이 둔하다고 했을까?

이민 목회 17년을 하면서, 많은 한인 분들 가운데 사람을 피하는 분들이 있는 것을 목도했다. 매우 오랜 시간 그러한 모습이 이해가 되지 않았다. 왜 같은 한국 사람을 피할까? 여러 가지 이유가 있겠지만, 그 중 대표적인 이유 중 하나가 자신의 현재의 신세를 못 마땅히 여겨 사람을 피하는 경우가 많다는 것을 알게 되었다. 미국에 체류 중인 많은 분들 중에 학력으로나 사회적 신분으로나 한국에서 소위 너무나 잘 나가던 분들이 미국 이민 사회에서 처량한 신세로 전락한 모습에 주변 사람들과 소식을 끊고, 한국가족들과도 소식을 끊은 많은 분들을 보았다.

모세처럼 왕자의 자리에서 사막의 거지 떼들과 같이 살게 된다면 당연히 말이 없어지지 않을까? 40년간 무슨 말을 했을까? 이집트의 정치, 경제, 사회, 문화를 이야기하던 자가 사막에서 텐트 치고 물도 거의 없는 열악한 지역에서 그들에게 얹혀 살면서 언어도 다르고 문화도 다르고 아마도 40년간 말을 하지 않고 지냈을 것이다. 이제 40년간 녹슨 자신의 웅변 실력이 두렵고, 지식, 언어 등에 대해서도 자신이 없어지고 겁이 났을 것이다.

그러나 그가 다시 이집트로 돌아갔을 때 이집트에서 교육받은 40년의 지도자 교육이 되살아나고, 광야 사막에서 살았던 40년의 생존 교육이 노하우가 되어 더욱더 강력한 카리스마로 이스라엘 백성들에게 설교하고 선포했을 것이다. 그의 다시 시작된 위대한 웅변으로 사람들이 통곡하고, 그의 설교를 듣고 수많은 군중들이 오열을 맞추어 움직였다.

우리는 성경의 본문 특별히 위 두 사람의 예를 들면서 설교가 중요하지 않다고 스스로를 안위하면 안 되는 것이다.

결론적으로 팬더믹 시대에 메시지는 더욱더 중요한 요소가 되었다. 음악은 라이브 현장감을 많이 감소시키지만, 메시지는 그 내용이 주는 효과가 절대적이기 때문에 더욱더 메시지의 차별화와 메시지의 감동은 중요해질 것이다. 이제 온라인으로 한 번에 수많은 사람들이 그 메시지를 듣는 것이 가능해졌다. 어쩌면 빌리 그래함 목사님이 전했던 메시지의 파워보다 이젠 더 큰 영향력 있는 목회자가 등장할지도 모른다. 따라서 목회자가 말씀을 공부하고 묵상하고 기도하고 주님의 음성을 듣고 하나님의 말씀의 대언자로서 말씀을 선포해야 할 것이다.

"예수께서 이 말씀을 마치시매 무리들이 그의 가르치심에 놀라니"(마태복음 7:2)

"제자들이 듣고 몹시 놀라 이르되 그렇다면 누가 구원을 얻을 수 있으리이까?"(마태복음 19:25)

이렇듯 예수님의 설교는 제자들에게 전혀 예측되지 않는 설교였다. 예측되는 드라마와 영화는 망하는 것이다.

"무리가 듣고 그의 가르침에 놀라더라"(마태복음 22:33)

"뭇 사람이 그의 교훈에 놀라니 이는 그가 가르치시는 것이 권위 있는자와 같고 서기관들과 같지 아니함일러라"(마가복음 1:22)

"다 놀라 서로 물어 이르되 이는 어찜이냐 권위 있는 새 교훈이로다 더러운 귀신들에게 명한즉 순종하는도다 하더라"(막 1:27)

"안식일이 되어 회당에서 가르치시니 많은 사람이 듣고 놀라 이르되 이 사람이 어디서 이런 것을 얻었느냐?"(마가복음 6:2)

"제자들이 그 말씀에 놀라는 지라 예수께서 다시 대답하여 이르시되 얘들아 하나님의 나라에 들어가기가 얼마나 어려운지..." (마가복음 10:24)

"그들이 그 가르치심에 놀라니 이는 그 말씀이 권위가 있음이러라"(누가복음 4:32)

예수님의 설교를 듣고 놀라고 어디서 들었는지 이전에 듣지 못한 내용이라 하며, 제자들과 주변 사람들이 놀라는 장면이 곳곳에 나온다. 예수님의 제자들의 설교 역시 이들이 어부들인데 어디서 이런 지혜가 나왔냐고 감탄들을 한다.

스데반 집사의 설교를 듣는 많은 사람들이 그의 설교를 감당하지 못했다고 한다.

"스데반이 지혜와 성령으로 말함을 그들이 능히 당하지 못하여" (사도행전 6:10)

예수님, 사도바울, 베드로, 스데반 집사가 설교를 했을 때 그 설교를 듣는 자들이 하나같이 듣고 놀랐다는 것을 기억해야 한다. 목회자의 설교가 듣고 감동을 주는가? 아니면 마음에 찔림이 있는가? 앞서 언급했듯이 미디어에서는 예측되거나 알고 있는 내용들의 반복은 철저히 외면당하게 되어 있다. 기존의 아는 당연한 내용까지도 미디어에서는 새롭게 재구성을 해야 한다. 하나님의 말씀은 그 본질이 전혀 변하지 않으면서도 날마다 새롭게 전해 질 수 있는 것이다.

"이 사람의 지혜와 이런 능력이 어디서 났느냐?"(마태복음 13:54)

3. 설교는 신의 언어를 대언해야한다.

구약의 예언자는 미래를 말하는 예언자(豫言者)가 아니라 하나님의 말씀은 맡아서 전한다는 뜻의 예언자(五言者)이다. 여기서 말하는 '예'(五)는 예금할 때 쓰여 지는 예이다. 하나님의 말씀을 맡았다는 것이다. 히브리어 원어(Navi)의 의미로는 하나님의 말씀을 대신 전하는 자라는 뜻이다. 구약의 선지자와 예언자는 항상 '하나님이 말씀 하신다'라고 선포하고 말씀을 이어 나간다.

설교자의 설교는 논문이 아니다. 수많은 인용을 소개하는 학술 발표가 아니다. 하나님의 말씀을 대언하고, 각 사람으로 하여금 주님의 음성을 듣고, 그들의 삶을 변화시키는 데에 궁극적 목적이 있다. 설교는 나의 생각을 전하는 것이 아니라 내가 받은 하나님의 말씀을 하나님의 말씀으로 믿고 선포하는 것이다. 따라서 전달자는 반드시 자기 확신으로 전해야한다. 그래서 1인칭 화법으로 해야지, 3인칭 화법으로 하면 안 된다.

예를 들어 "하나님은 오늘 우리에게 사랑하라 합니다."라고 설교해야지 "맥스 루카도는 하나님께서 우리에게 요구 하는 게 사랑이라고 합니다." 이런 식으로 각주로 연결된 학술 발표식의 설교가 되서는 안 된다. 자기가 공부하고 말씀을 묵상해서 나에게 체화된 말씀을 가감 없이 신의 말씀이라는 확신 가운데 선포해야 한다. 이것은 자기 확신 지수로 우리가 메신저의 그 말이나 글에 신뢰를 주게 된다.

히틀러의 연설이나, 이단 교주들의 말은 곧 1인칭 화법에 확신 지수 100%를 가지고 전한다. 이들은 잘못된 사상이나 교리를 가지고도 자기 확신을 가지고 전할 때 많은 이들을 선동하게 한다.

개신 교단에서도 미국의 대형 교회의 설교자들의 특징은 "하나님이 저에게 말씀하셨습니다(God said...)."라고 시작하는 경우가 대부분이다. 이는 철저한 자기 확신으로 시작하는 설교다.

사도바울은 말씀을 전할 때 사람들은 하나님의 말씀으로 받았다고 기록하고 있다.

> "너희가 우리에게 들은 바 하나님의 말씀을 받을 때에 사람의 말로 받지 아니하고 하나님의 말씀으로 받음이니 진실로 그러하도다 이 말씀이 또한 너희 믿는 자 가운데에서 역사하느니라"
> (데살로니가 전서 2:13).

그러므로 그의 설교가 얼마나 강력하고 카리스마가 넘쳤는지 짐작이 간다.

"여호와의 입의 말씀을 받아서 선포할 자가 누구인고"(예레미야 9:12).

"광야 교회에 있었고 또 살아 있는 말씀을 받아"(사도행전 7:38).

"너희는 많은 환난 가운데서 성령의 기쁨으로 말씀을 받아 우리와 주를 본 받은 자가 되었으니"(데살로니가전서 1:6).

전달자는 반드시 하늘로부터 하나님으로부터 내가 받은 말씀일 때, 확신 지수가 100%로 충만하게 되고, 그 메시지는 받는 자들에게 진실성으로 강력하게 받아들이게 된다.

어려서부터 나를 영적으로 지도해주신 목사님이 있다. 그분은 지금 중국의 선교사로 나가 있다. 그분의 어머니가 무당이셨다. 무당에는 두 종류가 있는데, 공부해서 무당이 되는 '학습 무(學習巫)'와 귀신이 내려서 무당이 되는 '강신 무(降神巫)'가 있다. 사람들이 점을 칠 때 학습 무당에게 가지 않고 강신 무당에게로 간다.

목사님들이 학습 목사와 더불어 더 중요한 성령이 임한 강신 목사가 되어야한다. 그렇다면 그 설교가 더욱더 파워풀하게 청중에게 감동을 줄 것이다.

설교와 강연은 다른 것이다. 학술 발표회와 말씀의 선포는 내용과 형식 그리고 그 출처와 원 자료가 다른 것이다. 가끔 강연자와 설교자 가운데 욕설을 하는 경우가 있다. 이것은 바람직하다 할 수는 없으나 욕설 강연이 사람의 뇌리에 깊게 남는 것은 그 언어의 충격과 메시지가 결합하기 때문이다.

내가 어렸을 때 한얼산 기도원 이천석 목사님이 그렇게 설교에 욕설을 섞어서했다. 그러나 많은 이들이 좋아하고 수많은 인파가 몰렸던 것은 그 욕설에 친근감과 신뢰를 가졌는지도 모른다.

심지어 예수님조차도 "독사의 자식들아…"라는 욕설을 했다. 정확히 이것은 번역이 조금 잘못된 것이다. 원문에 근거하면 "살모사의 자식들아…"라고 번역해야 한다. 독사와 살모사의 차이는 둘 다 독이 있지만 살모사는 어미 잡아먹는 독사인 것이다. 즉, 예수님은 당시 종교 지도자들에게 어미 잡아먹는 놈들이라고 욕을 한 것이다.

하나님을 팔아먹는 놈들이라고 욕을 했으니, 당시 민중들은 얼마나 속이 시원하고 경쾌하게 생각했는지 모른다. 그러므로 그 말이 얼마나 일파만파로 퍼져나갔겠는가? 존경해야 할 종교지도자들에게 어미 팔아먹는 독사 놈들이라고 했으니 말이다. 물론 이건 욕을 먹어야 될 일이니 욕을 해도 되는 것이었다. 예수님의 설교는 아주 쉽고 청중의 눈높이에 맞추며 주변 환경을 철저히 이용하면서 강력했다. 포도밭에서는 포도원 비유를, 꽃밭에서는 들에 핀 백합화(사실은 '아네모네'라는 꽃임)의 설교를 원고 없이 한 것이다. 목사님들이 설교 원고를 읽는 것에서 이제 청중들의 눈을 보고 이야기를 해야 한다. 특히 미디어 세상에서는 더욱더 그렇다.

한 조사에서 미국의 초대형 교회 소위 텔레반젤리스트들의 메시지 전달 방법을 연구했는데 성경책 한권만 들고 40분간의 청중들의 눈을 보면서 교류하는 쌍방향 커뮤니케이션을 사용한다고 조사했다.

청중들이 목사님의 설교를 통해서 하나님의 메시지를 듣는다고 받아들인다면 전하는 전달자나 설교를 듣는 청중이나 그들의 자세가 사뭇 달라질 것이다. 이는 인간의 메시지를 신의 메시지로 가장하고 꾸미는 것이 아니라 실제로 성직자가 말씀 묵상과 기도로 하나님께로부터 말씀을 받고 그 확신 가운데 말씀을 전해야하는 것이다. 그리고 청중은 새로운 나로 거듭나기 위해서 그 설교를 통해 하나님의 음성을 다시 듣게 되는 것이다.

이는 마치 사도바울의 눈에서 비늘이 벗겨지고 그가 새롭게 보기 시작한 것과 같다.

"즉시 사울의 눈에서 비늘 같은 것이 벗어져 다시 보게 된지라"
(사도행전 9:10)

4. 영화나 책보다 나의 이야기가 기억에 남는다.

김양재 목사의 설교, 조용기 목사의 설교 등은 자신이 직접 체험한 것이거나 주변인들의 체험을 나눈다. 목사들의 설교 표절의 문제 중 하나가 남의 간증을 인용하다가 많이 발견된다. 사람들은 본래 관념적인 이야기는 잘 기억하지 못해도 휴먼드라마는 보다 정확하게 기억한다. 따라서 사람들의 기억에 남는 설교 가운데 이야기 설교만큼 좋은 것도 없다. 그러나 그 이야기를 찾기 위해서 동분서주 찾아다닐 것이 아니라 나의 삶 속에 역사하신 하나님을 만나면 된다. 그것은 평생 표절의 위험이 없는 설교이다. 왜냐하면 바로 나의 이야기이기 때문이다. 설교는 살아있는 간증이야기이다. 사람들이 휴먼 다큐를 사랑하는 것은 내 주변에서 일상적으로 일어나는 감동적인 이야기이기 때문에 많은 분들이 공감을 하고 마음이 따뜻해지는 것이다.

조셉 캠벨(Joseph Campbell, 1904 –1987)의 영웅도식 이론에 의하면 모든 인류는 반드시 암흑세계를 지나서 영웅으로 재탄생된다. 내가 가장 감명 깊게 읽었던 소설과 영화가 '몬테크리스토 백작(The Count of Monte Cristo, 1844)'이다. 이 역시 주인공이 감옥 에서 영웅으로 다시 태어나는 이야기다. 전 세계인들이 환호한 스타워즈 역시 조셉 캠벨의 영웅도식으로 설명이 된다. 애굽 총리가 된 요셉 이야기도 그가 종으로 감옥살이하면서 그곳에서 영웅으로 변모하게 되는 것이다.

모든 이야기의 핵심은 암흑세계를 통과하는 것이다. 이스라엘 백성이 400년간 이집트에서 종살이하고, 40년간 광야에서 방황하던 그 암흑세계가 없다면 이야기의 서사 드라마는 성립하지 않는다. 승승장구한 이야기는 이야기로서 가치를 상실해버린다. 어느 누구도 실패 없는 성공이야기를 듣고 싶어 하지 않는다. 그저 뒤에서 "너 잘났다"라는 비아냥만 듣는 것이다.

예수 그리스도의 부활이 우리에게 감동이 되는 것은 그의 십자가의 죽음이라는 어둠의 세계를 통과했기 때문이다. 나는 그래서 설교자는 도전하고 실패하고 넘어지고 체험해야 한다고 믿는다. 편안한 길로 안전한 길로 가는 곳에서 어떤 간증이 있고 스릴이 넘치는 이야기를 기대할 수 있겠는가?

설교는 살아있는 간증 이야기가 되어야한다. 2001년 9월 11일 뉴욕에서 쌍둥이 빌딩이 무너지고 큰 테러 사건이 터졌을 때, 타임스(The Times)는 그 잿더미 안에서 뛰어나오는 사람을 클로즈업해서 첫 페이지로 장식했다. 그보다 덜 알려진 잡지들은 건물이 무너져 내리는 것을 표지로 잡았다. 사람들은 당연히 사람이 잿더미에서 뛰어 나오는 장면을 선택하게 된다.

성경은 모두 이야기다. 그것도 사람에 중심한 이야기 아담으로부터 시작해서 아브라함, 이삭, 야곱, 요셉, 모세, 여호수아, 사사들, 사울 왕과 다윗 그리고 예수님과 열두 제자들 여기에 사람들은 환호성을 부르는 것이다.

한국에서 여성들이 모이면 드라마 이야기를 한다고 한다. 그 드라마가 전부 허구임에도 사람들은 이야기에 빠져든다. 그 드라마가 이젠 한류라는 물결을 타고 전 세계로 퍼져 나가고 있다. 사실은 전 세계가 이야기에 빠져든다. 해리포터 이야기, 말도 안 되는 허황된 이야기에 전 세계가 빠져드는 것이다.

대통령 선거 때 그가 주창하는 공약보다는 그 사람의 삶의 이야기가 더 기억에 남는 것처럼, 우리는 일반적으로 교리적 내용보다는 이야기를 더 오래 기억하고 있다. 사람은 일반적으로 이성보다 감성에 의해 의사를 결정한다. 그것은 TV 광고를 통해서도 잘 알 수 있다.

예전에 노무현 전 대통령의 후보자 시절 광고가 기타들고 노래하는 모습이다. 얼마나 친숙한가? 이명박 전 대통령의 후보자 시절 광고 자갈치 시장 방문해서 국밥 먹는 광고였다. 사람들은 그들의 공략보다 그들의 삶의 이야기에 더 매료되고 기억하고 그것에 의해 판단하는 것이다.

설교자들이 너무 교리적이고, 너무 신학적이고, 너무 이론적이고 관념적이라고 한다면 누가 그 설교를 들으려 하겠는가? 요즘 유튜브를 통해서 차라리 철학 강의를 듣지 않겠는가? 또는 그런 이야기들을 만들기 위해서 다양한 예화집과 영화, 서적들을 뒤지는데 이것이 바로 주객이 전도되는 것이다. 좋은 이야기를 알게 되어 전하고 싶어서 전하는 게 아니라 전하기 위해 이야기 거리를 찾게 되니 표절이 생기고, 가장하고 꾸미게 되고, 없는 이야기를 만들게 되는 것이다.

살아 있는 이야기는 삶의 현장에서 나오는 것이다. 그것이 나의 이야기가 되지 않는다면 그 또한 말 그대로 이야기꾼에 지나지 않게 되는 것이 아닌가? 나에게 역사하신 하나님을 전하기 위해서는 선교지 현장에서 만난 사람들 이야기, 심방 이야기, 성장 과정 이야기, 기도하다가 겪었던 이야기들이 있어야한다. 즉 삶으로 살아내지 못한다면 그러한 설교가 나올 수가 없는 것이다. 삶으로 살아내는 이야기야말로 사람에게 강력하게 영향력을 주는 것이다.

설교자는 이야기 속에 살고 있는 이야기꾼이 되어야 한다. 하나님과 사람의 이야기, 사람과 사람의 이야기 그것이 곧 우리들의 삶의 이야기이기 때문에 그렇다.

"주께 대하여 귀로 듣기만 하였사오나 이제는 눈으로 주를 뵈옵나이다"(욥기 42:5)

5. 설교자는 구어체로 그리고 눈으로 전해야한다.

한국 설교자들의 취약점 중 하나가 원고를 그대로 읽는다는 것이다. 이는 꼭 비판의 대상이 될 수는 없으나 전달 효과적인 측면에서 눈을 보고 이야기 하는 것보다 그 전달 영향력이 현저히 저하된다는 것은 이론의 여지가 없다.

예수님의 설교, 사도바울의 설교, 스데반 집사의 설교는 원고 설교가 아니었다. 모세의 설교도 원고 설교가 아니었다. 그들은 광장과 들판에서, 산에서 수많은 청중들 앞에서 현장 설교 원고 없는 설교를 했다. 어느 뉴스 앵커가 원고를 보고 읽는가? 왜 대통령이나 뉴스 앵커가 프롬프터를 사용해서 청중들로 하여금 원고 없이 이야기하는 것처럼 보이게 하는지 눈여겨보아야 한다. 그들은 설득 커뮤니케이션의 최고 전문가들이다. 종이 원고를 꺼내 놓고 종이에 눈을 맞추며 읽지 않는다.

이제 미디어의 발달로 문어체가 아닌 구어체로 말하며 눈과 눈을 마주치고 설교를 해야 한다. 사람들의 귀가 구어체에 익숙해져 있기 때문에 그렇다. 문어체로 전달하면 집중도도 많이 떨어지게 되어 있다.

오래전 심리학자 메르페셀은 '인간의 지식 중 65%가 눈으로 얻어진다.'고 했다. 25%는 귀로 얻어지고 10%는 촉각으로 얻어지며 나머지는 미각과 후각에 의해 얻어진다고 한다. 그 후 40년이 지난 후 일본 K 기업이 광고전략 분석을 하며 조사한 바에 의하면 시각이 83%, 청각 11%, 촉각 1.1%, 미각 1%라고 한다. 40여 년간 시각에 의한 정보가 20%나 증가한 것이다. 지금은 그보다 더 시각에 의한 정보 입력 비율이 높아졌을 것이다.

눈을 통해 매초 10억 개의 메시지를 뇌에 보낸다는 사실을 안다면 우리의 시선이 얼마나 중요한지 알 것이다. 나는 미국에서 여러 신학교를 다녔지만 강의 노트를 보며 읽는 교수는 단 한명도 보지 못했다. 한국에서는 종종 그런 교수들이 있었다. 아직도 한국 문화에서는 눈을 응시하면서 강의하고 설교하는 것을 어려워하는 분들이 많이 있는 것 같다.

수년 전 로스앤젤레스의 아주사 퍼시픽 대학(Azusa Pacific University)에서 한인 세계 선교 대회를 했다. 나 또한 강사로 초청받아 강의를 한 적이 있다. 한국의 전 총리와 예수 전도 단 총재가 개회사를 했다. 한국의 전 총리가 개회사를 해서 그 대회의 위상이 많이 올라간 것은 사실이나 당시 개회사에 원고를 가지고 단상에 올라와 쭉 읽고 내려갔던 기억이 난다. 반면 예수 전도 단 총재 로렌 커닝햄(Loren Cunningham, 1936 –)은 빈손으로 올라와 원고 없이 청중들과 이야기 하듯 개회 연설을 하고 내려갔다. 내용적으로 기억에 남는 연설은 두말 할 것 없이 청중들과 눈을 마주치며 원고 없이 설교한 자가 기억에 남는 것이다.

김동길 전 연세대학교 교수는 강연 노트를 안가지고 다니기로 유명했는데, 한번은 TV 앵커가 강연노트가 어디 있냐고 물어보니, 청중들의 눈이 강연노트라고 대답한 적이 있다.

김대중 전 대통령은 최고의 연설가 중 한분으로 소개된다. 그 분은 한 주제를 반복적으로 말함으로 청중에게 잊혀 지지 않는 메시지를 전한다고 하였고 강의 노트 없이 연설하기로 유명했다.

나는 미국 로스앤젤레스 지역에서 목회자 세미나를 여러 차례 기획하고 진행했었다. 당시 목사님들께 강의 노트 없는 설교를 하도록 권면했었는데, 한국 목사들은 원고 없는 강의나 노트에 큰 부담을 느끼는 것을 보았다. 우리가 자신이 살아온 이야기를 남에게 전할 때 노트를 보면서 읽지는 않을 것이다. 그 만큼 나의 것이 아직 되지 않았기에 강의 노트를 읽는 것이다. 원고 없는 설교를 하려면 내가 전하려는 메시지가 완전히 나의 것으로 소화가 되어야한다. 확실히 하나님께로부터 받은 계시든지, 아니면 내가 완전히 소화해서 나의 말씀으로 살아서 움직이든지 해야 한다. 그렇지 않다면 조금의 기술적인 부분을 배워서도 그렇게 해야 한다. 나의 것으로 소화한 후에 전달하는 것이 어려운 분들을 위해 원고 없이 설교하는 기술적인 부분은 뒷부분에 소개할 것이다.

"네 눈을 잠들게 하지 말며 눈꺼풀을 감기게 하지 말고"(잠언 6:4)

6. 변화를 동반한 설교

설교나 강연이 감동이나 좋았다는 느낌으로만 끝나면 안 된다. 물론 이마저도 없다고 한다면 설교자로서 더 노력하고 연구하고 기도해야 된다. 소위 설교가 좋다고 할 때는 모르는 사실을 알았을 때, 즉 뭔가를 깨달았을 때나, 감동적인 이야기로 큰 깨달음이 있을 때, 어떤 도전을 받았거나 설교 내용이 나의 생각과 아주 잘 부합할 때, 오늘 설교에 은혜 받았다고 느낄 때 등이다.

그래서 목회자는 공부하고 연구하고 기도해서 새로운 지식이나 새로운 깨달음을 계속 얻고 전해야 한다. 그럼에도 기독교적인 설교가 감동으로, 또는 좋았다는 느낌으로 끝나면 아무런 역사가 나타나지 않는다. 나는 이에 더하여 더욱 더 중요한 한 가지를 첨부하고자 한다. 좋은 설교란 반드시 내 삶에 변화를 동반시켜야 하는 것이다. 나는 설교가 하나님의 말씀을 대언한다고 믿는다. 이 신의 언어는 대단한 파워와 능력을 가지고 있다.

"하나님의 말씀은 살아 있고 활력이 있어 좌우에 날선 어떤 검보다도 예리하여 혼과 영과 및 관절과 골수를 찔러 쪼개기까지 하며 또 마음의 생각과 뜻을 판단하나니"(히브리서 4:12)

하나님의 말씀은 우리의 혼과 영을 우리의 몸을 쪼개어 구석 곳곳에 침투하여 역사를 일으킨다고 했다. 내가 가장 좋아하는 인물 중 하나인 다비드 벤구리온(David Ben-Gurion, 1886 – 1973) 이스라엘 초대 총리는 이사야 43:19의 말씀을 문자적으로 믿었다. 그는 사막에 강을 내리라는 그 말씀을 통해 갈릴리 호수의 물을 끌어다 이스라엘의 사막 네게브(Negev) 광야에 관개수로(灌漑水路)를 통하여 물길을 내고 농장을 만들어 키부츠(Kibbutz)라는 세계적인 농지를 만들어냈다. 이 말씀을 통해 수많은 사람들이 낙심에서 새롭게 용기를 얻고, 이 말씀을 통하여 치유의 역사가 수천 년간 지속되고 있다.

"주의 말씀의 힘이 있어 흥왕하여 세력을 얻으니라"(사도행전 19:20)

이 말씀을 붙잡고 세계 끝까지 나가서 사명으로 복음을 전한 수많은 선교사들이 있었다. 또한 아우슈비츠에서는 이 말씀을 통해 많은 유대인들이 소망을 가지고 그 죽음의 위기를 넘겼다. 몰트만이라는 신학자는 희망의 신학을 세상에 소개했고, 빅터 프랭클(Viktor Frankl, 1905-1997)이라는 정신과 의사가 로고테라피(Logotherapy) 라는 정신치료를 소개해 '의미가 나를 살린다.'는 놀라운 발견을 하였고, 엘리 위젤(Elie Wiesel, 1928 – 2016)이라는 사람은 '나이트(Night, 1956)'라는 소설로 노벨문학상을 받았다.

주의 말씀은 우리에게 소망을 주고, 죽음을 이기는 힘을 주는 것이다. 주의 말씀은 나로 하여금 나에 대한 정체성을 새롭게 보는 눈을 열어 주게 된다. 나에게 종교학을 가르쳐 주신 분은 이런 체험을 특수능력의 활성화라고 했다. 성경적으로는 실로암(예루살렘의 연못으로 예수님 당시 맹인이 눈을 뜬 곳)의 사건이 그리고 눈이 열리는 에바다(아람어로 열리라는 뜻)의 사건이 일어나는 것이다. 이 사건은 사람을 움직이게 한다. 소극적인 사람이 도전하는 사람이 되고 나의 삶에 변화를 가져오게 된다.

마치 레이몬드 무디(Raymond Moody, 1944)가 조사한 것처럼 '임사 체험(Near Death Experience)'을 한 대부분의 사람들이 그 이후 삶이 이웃을 위해 사는 이타적인 삶으로 변화되는 것과 유사한 양태를 보인다. 공산주의 사상가들의 연설을 보면 민중을 선동한다. 히틀러가 독일 민중을 선동한 것처럼 이단들의 연설이나 설교가 꼭 행동지침을 내포하고 있다. 그것이 사람을 움직이게 하는 매개체가 되는 것이다.

주의 말씀이 전해지면 사람들은 전도자가 되어 그들의 삶의 자리가 변화가 되게 되어 있다. 예전의 나는 죽고 새로운 나로 태어나서 사랑을 성취하며 살아간다. 이것이 바로 전도자인 것이다.

"너희는 유혹의 욕심을 따라 썩어져 가는 구습을 따르는 옛 사람을 벗어 버리고 오직 너희의 심령이 새롭게 되어 하나님을 따라 의와 진리의 거룩함으로 지으심을 받은 새 사람을 입으라"
(에베소서 4:22).

3부
기억에 남는 설교의 여러 형태들

앞서 언급했듯이 기억에 남는 설교가 있다. 사람의 뇌리에 남는 설교는 모르는 것을 새롭게 알았거나 감동적인 이야기를 들었거나 메시지를 전하는 메신저에 대한 온전한 신뢰가 있을 때 그러한 현상이 나타난다.

예수님의 설교는 대부분 그들이 전혀 생각하지 못한 설교다. 많은 사람들은 새롭게 깨닫는 말씀을 통해 예수님을 따르기 시작한다. 엠마오로 내려가던 제자에게도 말씀을 풀어 설명하여 주사 그들의 마음이 뜨거워졌다.

이제 여기서는 기억에 남는 여러 형태의 설교를 간략히 소개하고자 한다. 요즘 유튜브 가운데에서도 소위 뜨는 채널은 모르던 사실을 새롭게 알려주는 지식 전달 형 채널이다. 남가주 지역의 갈보리 교회 척 스미스(Chuck Smith, 1927-2013) 목사님이 성경을 처음부터 차례대로 해설해주는 강해 설교로 아주 유명해지고 그 교회가 세계적인 교회로 성장

했다. 사람들은 본래 새로운 것을 배우는 것을 좋아한다. 특별히 학습 욕구가 강한 한국 민족은 더욱 그렇다. 현재 한국 목회자들이 답습하고, 학습하는 신학은 서구 신학이 주류를 이루고 있다. 나도 한국에서 신학공부를 하고 다시 미국에서만 세 곳의 신학대학에서 신학을 공부했으니, 나부터 서구 신학에 중독되었다고 해도 과언이 아닐 것이다.

그러나 우리가 공부하는 성경은 유대인들에 의해서 기록되어 있는 것으로 유대인들이 연구하는 성서 해석방법에는 수천 년을 이어져 온 아주 특이하고 다양한 방법이 있다. 서구 신학은 이상하게도 이를 거의 다루지 않는다. 서구 신학은 독일 신학의 영향을 많이 받아 편집비평, 본문비평, 자료비평, 전승비평, 역사비평, 양식비평 등으로 수많은 신학교들이 진보와 보수적인 차이를 가질 뿐 방법론적으로는 거의 획일화된 방법을 취하고 있다.

여기서는 유대인들이 하는 성서 해석 위주로 몇 가지를 소개하면서 청중들에게 새로운 성서 해석과 접근 새로운 설교 전달법 등에 대해서 나누어보고자 한다. 이 글을 읽는 독자들 가운데 이러한 방법들이 아주 신선하게 처음 접하는 분들이 적지 않으리라 본다.

1. 키아즘(Chiasm) 설교

우선 유대인들이 하는 성서 해석 중 키아즘에 의한 성서해석이 있다. 이는 성서 내용의 전체를 교차 대구로 연결하고 핵심 내용을 문단 중앙에 배치하는 것을 말한다. 대표적인 방법 중에 하나로 주기도문을 키아즘으로 해석해보겠다.

주기도문은 크게 7개를 간구하는 기도문으로 되어 있다.

하늘에 계신 우리 아버지여
(1) 이름이 거룩히 여김을 받으시오며(A)
(2) 나라이 임하옵시며(B)
(3) 뜻이 하늘에서 이룬 것같이 땅에서도 이루어지이다(C)
(4) 오늘날 우리에게 일용할 양식을 주옵시고 (D)
(5) 우리가 우리에게 죄 지은 자를 사하여 준 것 같이 우리 죄를 사하여 주옵시고(C')
(6) 우리를 시험에 들게 하지 마옵시고(B')
(7) 다만 악에서 구하옵소서입니다.(A')
나라와 권세와 영광이 아버지께 영원히 있사옵나이다.

여기서 1과 7이 짝을 이룬다. '이름이 거룩히 여김을 받는다'는 것은 '악에서 떠나는 것'을 말하는 것이다. 2는 6과 짝을 이루어 '하나님 나라가 임한다'는 것은 '시험에 들지 않는 것'을 말한다. 다른 말로 '시험에 들고 실족했다는 것'은 '내 안에 하나님 나라가 거하지 않았다'는 말이 된다. 3과 6이 짝을 이루어서 '아버지의 뜻은 결국 용서하라'는 것이고, 마지막으로 이 주기도문의 주제는 제일 가운데 있는 4번이 되는 것이다. '오늘날 우리에게 일용할 양식을 주옵소서' 여기서 '일용할 양식'

이란 사실은 아람어 기도문에 의하면 내일의 양식으로 번역할 수 있는데, 이는 출애굽할 때 이스라엘 백성들이 마지막 날 먹은 안식일의 만나 즉, 안식일의 주인인 예수 그리스도를 상징한다고 할 수 있다.

여기서 말하는 '양식'은 육의 양식은 아니다. 예수님은 단 한 번도 육의 양식을 구하라 하지 않았다. 먹고, 마시고, 입는 것은 이방인이 구하는 것이라 했고, 썩어 없어질 육의 양식을 구하지 말라 했으니, 여기서 말하는 일용할 양식(또는 내일의 양식)은 주님의 말씀을 말하는 것이다. 주님은 본인을 '생수'라 하셨고, '살아 있는 떡'이라고 하셨다.

성경에 이렇게 키아즘으로 설교 할 수 있는 본문이 너무나도 많이 있다.

2. 게마트리아(Gematria) 설교

히브리어는 아주 특이한 성질을 가지고 있는데, 글자 자체가 표음문자도 되고 상형문자도 되고 그리고 숫자도 된다. 히브리어 하나하나가 전부 숫자로 읽을 수 있다. 이렇게 숫자로 설교하는 방법이 있는데 특별히 이스라엘 사람들 중에 신비주의를 추구하는 카발라 전통에서 종종 사용하기도 한다. 숫자로 성경을 해석하는 방법을 기원후 1세기경 유대교 랍비였던 엘리에제르는 성서해석의 32가지 방법 중 29번째 방법이 '게마트리아'라고 했다. 성경에는 숫자에 담겨진 놀라운 의미와 뜻들이 많이 있다. 여기서 한 가지 예를 들어서 설명하겠다.

예수님이 부활 후 베드로에게 나타나서 베드로가 잡은 물고기 숫자가 153마리였다. 히브리어로 하나님의 아들들(베니 하 엘로힘)이라는 단어가 수비 학으로 풀면 153이 된다. 유월절(파스카)도 153이 된다. 특별히 유대인들은 153이라는 숫자를 들으면 번제 단을 떠올린다고 한다. 번제 단 높이가 각각 1 규빗 5 규빗 3 규빗이다. 153이라는 숫자를 '트리플 큐브'라고도 하는데 1의 세제곱 1, 5의 세제곱 125, 3의 세제곱 27을 더하면 153이 된다. 세 제곱은 다시 정육각형을 나타내고 이것은 또한 지성소를 의미한다. 지성소 높이 넓이 길이가 같다. 즉, 하나님의 임재를 나타내고 있는 것이다. 베드로가 잡은 물고기는 하나님의 아들들이고, 제단이며, 유월절을 상징하고 하나님의 지성소를 상징한다고 보는 것이다. 이렇게 수비 학으로 성서를 푸는 경우에 이해되지 않고 풀리지 않는 많은 부분을 다양한 방법으로 해석해낼 수 있게 된다. 153마리의 물고기에서 물고기의 헬라어 '익두스'는 하나님의 아들 예수 그리스도의 첫 글자를 합친 단어가 된다. 초대 교회에서는 기독교인의 상징이 십자가가 아니고 '물고기'였다.

　오병이어의 기적에서는 물고기 다섯 마리로 5천명을 먹이셨는데, 다윗이 골리앗을 이겼을 때도 돌 맹이 5개로 골리앗을 물리쳤다. 모세가 쓴 성경이 5권이고, 누가복음 7장에 500데나리온 50데나리온 빚진 자가 은혜로 탕감되었고, 초대 교회는 오순절에 성령을 받게 된다. 숫자 5는 은혜의 숫자가 되는 것이다. 각 숫자마다 그 숫자가 의미하는 바가 있고 이를 찾아서 그 내용을 이해하고 설명할 수 있다.

　이러한 성서해석도 성경에 관심을 갖게 하는 좋은 해석 틀 중에 하나로 소개하고 싶다. 다만, 인위적으로 해석하는 것은 삼가야할 것이며,

이단이나 사이비 단체에서 아무런 근거 없이 하는 해석도 주의해야 한다. 이러한 수비학은 유대인들의 전통을 따라 랍비들의 해석을 참조하는 것이 좋다.

3. 원어 설교

원어 설교도 여러 형태로 할 수 있다. 앞서 언급 했듯이, 히브리어를 상형문자로 해석하는 방법도 있고, 그 단어의 뜻과 의미를 찾아서 해석하는 방법도 있다. 여기서는 우리에게 너무 잘 알려져 있는 오병이어와 칠병이어 사건에 대한 원어 설교 방법 하나를 소개한다.

오병이어 사건은 특이하게 사복음서 모두 기록된 사건 중 하나다. 모든 복음서 저자에게 충격적인 사건이었던 것 같다. 물고기 두 마리와 떡 다섯 개로 오천 명이 먹고 남은 것은 12 바구니(코피노스)에 담았다. 그리고 칠병이어 사건이 또 나오는데 이는 물고기 두 마리와 떡 일곱 개로 4천명이 먹고 남은 것을 7광주리(스퓌리스)에 담은 사건이다. 얼핏 보면 매우 유사한 사건이고 학자에 따라서는 같은 사건이라고 주장하는 분도 있으나 예수님은 이 두 사건을 분리해 이야기했다.

"너희가 아직도 깨닫지 못하느냐 떡 다섯 개로 오천 명을 먹이고 주운 것이 몇 바구니이며, 떡 일곱 개로 사천 명을 먹이고 주운 것이 몇 광주리이던 것을 기억지 못하느냐"(마태복음 16:9,10).

나는 2001년에 캐나다 토론토에서 1년간 생활했던 적이 있는데, 마켓에 음식을 사러 가면 꼭 코셔 음식이라고 구분되어 있던 것을 보았다. 처음에는 그것이 무엇인가 궁금했는데, 정통 유대인 복장을 하신 분들이 그 안에서만 음식을 고르는 것을 보고 유대 정결법에 따른 음식들임을 알게 되었다. 유대인들은 지금도 자기들만의 음식을 구별해서 먹는다. 당시에도 이방인들의 음식을 먹지 않기 위해서 자기들만을 위한 도시락을 싸고 다녔는데, 이를 '코피노스'라고 했다. 즉, 12바구니는 유대인들을 위한 것이다. 그러나 칠병이어 사건 이후에는 '스퓌루스'라는 광주리에 담겼는데 이는 이방인을 위한 것이었다. 그리고 그 칠병이어 사건은 이방인의 지역에서 일어난 사건이었던 것이다. 다시 말해서 12바구니는 12지파 12제자 이스라엘 백성들의 구원을 상징하고, 7광주리는 가나안 7족속과 같이 이방인을 위한 것으로 이방인 구원을 상징한 것이다.

예수님의 사역의 위대성은 이방인을 지옥의 땔감으로 여겼던 유대인들의 폐쇄성을 무너뜨리고 땅 끝까지 복음을 제시한 것에 있다고 할 수 있다. 원어를 통한 성서 해석은 특별히 신학을 공부한 목회자와 신학생 또는 신학자들에 의해서 더욱더 새롭게 제시될 가능성이 너무나 풍부한 분야다. 이를 통해서 성경의 눈이 더욱더 열릴 수 있도록 인도하는 계기가 될 것이다.

4. 시제 설교

성경은 과거, 현재, 미래 시제에 따라서 그 내용이 전혀 다른 내용이 되는 경우가 많이 있다. 여기서는 인도의 성자 간디가 매일 읽었다는 예수님의 산상수훈 8복에 대해 시제 설교 형식을 사용하여 설명해보려 한다. 사실 산상수훈에서 8복은 자세히 읽어 보면 9복이다. 성경은 삼중구조로 되어 있어서 사실 다 3,3,3으로 나뉘어져 있다. 성령의 은사도 9가지, 성령의 열매도 9가지이다. 그리고 8복도 사실은 9복으로 보아야한다.

성경에 나온 9복을 살펴보면 우리나라 성경에는 정확히 시제가 구별 되어 있지 않지만 영어로 보면 그 시제가 분명히 다르게 나타나 있다(마태복음 5:1-12).

첫째, 심령이 가난한 자는 복이 있나니 천국이 그들의 것임이요. 이 구절을 영어로 보면 현재형이다. 그러나 둘째, 애통하는 자는 복이 있나니 그들이 위로를 받을 것임이요 이것은 영어로 보면 미래형이다. 그리고 셋째, 온유한 자는 복이 있나니 그들이 땅을 기업으로 받을 것임이요 역시 미래형 축복이다.

여기에 나온 모든 복은 미래형인데 유일하게 천국의 복만 현재형이다. 이것은 천국은 죽어서 가는 것이 아니라 바로 오늘 이 시간에 가는 것이기 때문이다.

그래서 신약성경에 나온 천국에 대한 정의를 크게 세 가지로 볼 수 있는데, 첫째는 내 안에 있는 천국이다. "하나님의 나라는 너희 안에 있느니라"(누가복음 17:21). 둘째 천국은 우리 모임가운데 있다. "말씀이 육신이 되어 우리 가운데 거하시매"(요한복음 1:14). 그래서 천국은 혼자 가는 게 아니라 함께 거하며 가는 것이고, 기독교의 영성은 개인 영성이 아니라 공동체 영성인 것이다. 마지막으로 거하는 천국은 마지막 사후 천국 영의 천국을 말하고 있다. "믿음의 결국 곧 영혼의 구원을 받음이라"(베드로전서 1:9). 그래서 천국을 죽어서간다는 것은 저차원적인 믿음이고 예수님이 말한 천국과 구원은 바로 오늘 지금 현재를 말하고 있음을 알 수 있다. 이상의 세 가지가 천국의 완성이라고 할 수 있다.

예수님이 성경에서 말한 구원은 병자가 나았을 때에, 죄 사함을 받았을 때에 구원 받았다고 했다. 즉, 예수님이 말한 구원 역시 오늘 현재의 구원을 말하고 있다. 사도바울의 고백처럼 감옥에서도 기뻐할 수 있는 것이 바로 오늘의 구원 지금의 천국을 구현하는 것이며 이것이 마지막의 구원을 담보하는 것이다.

이러한 시제를 통한 성서 해석은 많은 깨달음을 준다. 성서에서 말하는 것이 과거인지 미래인지 현재인지를 구분하고 살펴볼 때 많은 은혜가 되는 성구가 적지 않다.

5. 알레고리 설교

알레고리 설교는 은유 또는 비유설교로 일반적으로 신학교에서는 추천하지 않는 설교 방식이다. 또한, 이단 교회들이 이 비유 설교를 많이 함으로 비유 설교에 대한 이미지가 아주 좋지 않은 것 또한 사실이다. 그러나 예수님의 설교가 모두 비유 설교였다. "예수께서 이 모든 것을 무리에게 비유로 말씀하시고 비유가 아니면 아무것도 말씀하지 아니하셨으니"(마태복음 13:34). 알레고리 설교는 예표 설교라고도 할 수 있다. 모든 성경을 구속사적으로 해석하는데 여기에 알레고리의 틀을 이용해 하는 것이다. 예를 들어 모세는 예수그리스도를 예표하고 있다고 보는 것이다.

모세가 기록한 성경이 모세 오경이다. 마태복음이 모세 오경의 패턴을 따라 다섯 개의 설교로 구성되어 있다고 주장한다(B.W. Bacon, 1918, 1930). 예수의 다섯 설교를 통해 모세 오경의 예표를 볼 수 있다. 마태복음 산상설교(5-7장), 선교와 순교에 관한 설교(10장), 천국에 관한 설교(13장), 교회 행정에 관한 설교(18장), 그리고 종말에 관한 설교(23-25장) 이렇게 5편의 설교로 구성되어 있다. 이 다섯 개의 설교가 끝날 때마다 종결 후렴 문구로 끝난다는 것이다.

첫째, 예수께서 이 말씀을 마치시매 무리들이 그 가르치심에 놀라니(마태복음 7:28)

둘째, 예수께서 열 두 제자에게 명하시기를 마치시매(마태복음 11:1)

셋째, 예수께서 이 모든 비유를 마치시니(마태복음 13:53)

넷째, 예수께서 이 말씀을 마치시매(마태복음 19:1)

다섯째, 예수께서 이 모든 말씀을 다 마치시니(마태복음 26:1)

각 설교마다 마치셨다고 종결 어미를 정확히 했으며 마지막 설교는 다 마쳤다라고 이야기하고 있다. 마태복음에는 이 외에도 예수의 모습 속에 모세의 유형(Moses Typology)을 볼 수 있다. 시편도 다섯 권으로 되어 있고 오중적 구조를 볼 수 있다. 잠언도 다섯 개의 잠언으로 나뉘어져 있다. "솔로몬의 잠언이라"(잠언 1:1, 10:1, 25:1), "아론의 잠언이라"(30:1), "르무엘 왕의 잠언이라"(31:1)

모세와 예수의 탄생이 유사하다. 이를 미드라쉬(Midrash)적 기술방법이라고 한다. 우선 모세가 탄생했을 당시 애굽의 왕인 바로가 히브리 족속의 모든 사내아이들을 죽이라고 명령했다(출애굽기 1:22). 예수가 탄생 했을 때에도 헤롯왕은 베들레헴의 모든 사내아이들을 죽이라고 명령했다(마태복음 2:16). 모세와 예수의 귀환 역시 매우 흡사하다.

"여호와께서 미디안에서 모세에게 이르시되 애굽으로 돌아가라 네 목숨을 노리던 자가 다 죽었느니라"(출애굽기 4:19)

"헤롯이 죽은 후에 주의 사자가 애굽에서 요셉에게 현몽하여 이르되 일어나 아기와 그의 어머니를 데리고 이스라엘 땅으로 가라 아기의 목숨을 찾던 자들이 죽었느니라 하시니"(마태복음 2:19-20)

"모세가 그의 아내와 아들들을 나귀에 태우고 애굽으로 돌아가는데 모세가 하나님의 지팡이를 손에 잡았더라"(출애굽기 4:20)

"요셉이 일어나 아기와 그의 어머니를 데리고 이스라엘 땅으로 들어가니라"(마태복음 2:21)

모세가 홍해 바다를 건넌 것과 예수가 요단강 물속에 들어가 세례를 받은 것도 같은 유형론으로 볼 수 있다. 사도바울은 모세와 이스라엘 백성이 홍해를 건넌 것이 세례를 받은 것이라고 했다(고린도 전서 10:2). 모세가 시내 산에서 40주야를 금식한 것과 예수가 40주야를 광야에서 금식한 것 역시 유형론으로 이해할 수 있다(출애굽기 34:28, 신명기 9:9, 18). 모세가 시내 산에 올라 십계명을 받고 예수가 산에 올라 제자들과 무리들에게 새 율법을 가르친 것 역시 모세를 통한 예수의 그림자를 볼 수 있는 것이다.

"또 이르시되 내가 너희와 함께 있을 때에 너희에게 말한바 곧 모세의 율법과 선지자의 글과 시편에 나를 가리켜 기록된 모든 것이 이루어 져야 하리라 한 말이 이것이라 하시고"(누가복음 24:44)

"오늘까지 모세의 글을 읽을 때에 수건이 그 마음을 덮었도다 그러나 언제든지 주께로 돌아가면 그 수건이 벗겨지리라"(고린도 후서 3:15-16)

모세와 모세의 글을 예수로 풀면 그 글들과 모세의 행적에 감춰졌던 비밀들이 수건이 벗겨지는 것처럼 벗겨져 그 진리를 알 수 있다고 했다. 구약의 창세기부터 말라기까지 이렇게 예수의 예표로 또는 알레고리로 해석하는 것이 신약 성경을 비롯한 교회사에서 선호했던 성서 해석이었다. 다만, 근래에 또는 지나친 알레고리 해석으로 잘못된 교리를 선포하게 되어 이를 경계 하게 된 것도 사실이나 성서적 알레고리 해석이나 기독교 전통에 있는 예표 론의 적절한 소개는 아주 유용하고 성도들에게 믿음을 고착시키는 데에 좋은 도구가 된다고 본다.

6. 삼중구조 설교

이 삼중구조 설교 역시 유대인들이 보는 방법을 취한 것이다. 성경의 거의 모든 것을 삼중 구조로 이해하는 것이다. 우선 창조부터 그렇다. 첫째 날, 우주 공간을 창조하였다. 둘째 날, 대기 권 하늘과 바다를 창조 하였다. 셋째 날, 땅과 풀과 채소를 창조하였다. 이렇게 크게 세 공간을 창조하고, 나머지 세 날들은 앞 선 세 날들 동안 창조된 공간에 창조물을 채워 넣었다. 넷째 날, 창조물은 태양과 달 그리고 별을 창조하여 첫째 날 우주 공간을 채우고, 다섯 째날, 새와 어류를 창조하여 둘째 날 궁창 즉, 대기권 하늘과 바다를 채우고, 여섯 째 날, 땅 위에 동물과 사람으로 셋째 날 창조공간인 땅을 채우게 된다.

유대인 화법에는 이렇게 세 번씩 반복을 하는 어법이 자주 등장한다.

"여호와께서 가라사대 네 아들 네 사랑하는 독자 이삭을 데리고 모리아 땅으로 가서 내가 네게 지시하는 한 산 거기서 그를 번제로 드리라"(창세기 22:2).

네 아들, 네 사랑하는 독자, 이삭 이렇게 세 번 반복해서 나온다. 키아즘에서 설명했듯이, 삼중구조에서도 가운데가 제일 중요한데 여기서 핵심은 독자가 되는 것이다. 이것은 다른 말로 예수를 상징한다고 할 수 있다. 예수님은 하나님의 독자이기 때문이다.

히브리 문학에서 한 문장에 동사가 세 번 나와 그 문장의 뜻과 주제를 명확히 하는 방법이 있다.

"내 종 모세가 죽었으니 이제 너는 이 모든 백성과 더불어 일어나 이 요단을 건너 내가 그들 곧 이스라엘 자손에게 주는 그 땅으로 가라"(여호수아 1:2)

여기서 3가지 동사를 축출할 수 있다. 첫째, 일어나라, 둘째, 건너라, 셋째, 가라 이렇게 삼중 구조를 통해 3대지 설교를 할 수 있다. 특별히 원고 없는 설교를 하고 싶은 분들에게 제일 쉬운 방법 중 하나가 삼대지 설교다. 이는 청교도 목사들이 대부분 행했던 설교 방법이며, 위에서 여러 차례 언급했듯이 3이라는 숫자가 성부, 성자, 성령 삼위일체 하나님을 상징하기도 하는 것이어서 많은 목회자들에게 친근하게 다가온다.

삼대지 설교는 본문의 소제목을 세 개로 나누는 것이다. 위 본문 말씀을 사용하면, 첫째, 일어나라는 성경구절을 통해서 성서적 의미, 일상생활에서의 의미와 적용, 내 개인에게 적용할 수 있다. 두 번째 건너라는 구절도 동일하게 적용할 수 있다. 성경 안에서 건넘의 의미와 예들, 그리고 우리 주변에서 또는 인류 역사 가운데 건넘의 사건들, 마지막으로 내 인생의 건넘의 사건을 나눌 수 있다.

이렇게 삼대지 설교를 하면 그 틀에 맞춰서 설교를 할 수 있기 때문에 큰 부담 없이 특정 주제를 가지고 세 개의 소제목을 토대로 하나의 주제 설교를 원고 없이 할 수 있게 된다.

성경의 말씀들이 전체적으로 삼중 구조의 틀에서 벗어나지 않는다. 마태복음 28장 19-20절도 세 가지 동사를 빼내면 첫째, '가라.', 둘째, '제자를 삼아라.', 셋째 '세례를 주라.' 그러면 결론으로 '주님이 우리와 세상 끝까지 함께 하신다'는 것이다.

요나서 1장 2절도 이와 동일하다. 첫째, '일어나라.', 둘째, '가라.', 셋째, '외치라.' 그 이유는 그들의 죄가 하나님 앞에 상달되었기 때문이다. 따라서 죄악 가운데에서 기독교인들은 '일어나야'되고 '가야'되고 '외쳐야'한다. 이렇게 세 가지 동사가 반복되는 것은 그 내용을 강조하고 있는 것이다.

"주의 성령이 내게 임하셨으니 이는 가난한 자에게 복음을 전하게 하시려고 내게 기름을 부으시고 나를 보내사 포로 된 자에게 자유를, 눈먼 자에게 다시 보게 함을 전파하며 눌린 자를 자유케 하고"(누가복음 4:18)

여기서 '가난한 자'라는 것은 '포로된 자', '눈먼 자', 그리고 '눌린 자' 이렇게 세 가지로 구분해서 말한다. 마태복음 계보도 크게 삼등분을 했다. 마태복음 저자는 아브라함부터 다윗까지 14대, 다윗부터 바빌론 유배 전까지 14대, 바빌론유배부터 예수까지 14대 이렇게 삼등분해 구분했다.

이렇게 14대씩 세 번으로 나누어서 구분하긴 했지만 실제적으로 더 많은 대수가 있어야한다. 그러나 14대만 언급해서 똑같이 세 번을 의도적으로 반복한 것이다. 마태복음은 유대인 공동체를 위해 기록된 복음서이고 마태 저자는 예수 그리스도를 다윗의 후손으로 강조를 하는데 다윗이라는 이름이 '게마트리아'로 하면 읽으면 14가 된다. 다윗(David)의 히브리어 자음 DVD를 숫자로 바꾸면 4,6,4가 된다. 고대 히브리어는 원래 모음은 없고 자음만 연결하여 단어를 만들고 오른쪽에서 왼쪽으로 읽는다. 다윗이라는 글자는 숫자로 읽으면 14이며, 마태복음은 다윗을 연상키 위한 방법 중 하나로 예수의 족보를 14, 14, 14로 구성했다.

14라는 숫자는 완전수 7이 두 번 더 해진 수다. 야곱이 외삼촌 라반의 딸 레아와 라헬을 얻기 위해 7년씩 총 14년을 봉사한 년 수와 같다. 이스라엘 백성이 이집트를 떠나 출애굽 한 날이 첫째 달 14일(유월절)이다. 그래서 14일은 구원의 날이기도 하다.

다니엘 6장에 보면 다니엘이 또한 하루에 세 번 기도를 한다. 이렇게 성경은 모든 구조가 삼중구조를 가지고 있다.

> "육체의 일은 현저하니 곧 음행과 더러운 것과 호색과 우상 숭배와 술수와 원수를 맺는 것과 분쟁과 시기와 분 냄과 당 짓는 것과 분리함과 이단과 투기와 술 취함과 방탕함과 또 그와 같은 것들이라 전에 너희에게 경계한 것 같이 경계하노니 이런 일을 하는 자들은 하나님의 나라를 유업으로 받지 못할 것이요"(갈라디아서 5:19-21)

여기서도 육체의 일을 세 가지씩 다섯 번에 걸쳐 구분한다. 성령의 열매도 세 가지씩 세 번 총 아홉 개로 구분되어진다. 첫 번째 세 가지는 하나님을 향하여, 두 번째 세 가지는 남을 향하여, 마지막 세 가지는 나 자신을 향한 것이다. 성령의 은사도 동일하다.

유대인들은 하루에 다니엘이 하루에 세 번 기도한 것처럼 세 번 기도를 한다. 유대인들의 대표적인 조상은 세 명으로 압축한다. 아브라함, 이삭, 야곱이며 이들은 다시 각각 아침, 점심, 저녁 기도를 대표하기도

한다. 삼중구조를 통해서 모든 성경을 삼으로 나눠 볼 수 있는 눈을 갖게 한다. 이것을 통해 연재 설교를 하는 것도 새로운 해석 방법에 대한 눈이 열리고 성경에 좀 더 많은 관심을 갖게 할 것이다.

7. 인문학 설교

요즘은 인문학이 붐을 이루고 있다. 이는 디지털 시대를 살고 있는 사람들에게 인문학적 정서의 결핍과 필요를 나타내는 단면이기도 하다. 서구의 문학들은 성서를 기반 한 소설과 영화들이 참으로 많다. 또, 성서에 기반 하지 않았다 해도 인간의 내면의 욕구와 탐욕을 소재로 한 것들이 많기 때문에 이는 성서와 연결하여 살펴볼 수 있다.

어니스트 헤밍웨이(Ernest Hemingway, 1899 – 1961)의 '노인과 바다' (The Old Man and the Sea, 1952)는 인생의 무상함을 마거릿 미첼(Margaret M. Mitchell, 1900 – 1949)의 '바람과 함께 사라지다(Gone with the Wind, 1936)'는 인간욕망의 무한함과 부질없음을 보여주고, 존 밀턴(John Milton, 1608 – 1674)의 '실낙원(Paradise Lost, 1667)'은 인간의 원죄를 생각하게 하고, 스티븐 스필버그(Steven Spielberg, 1946 –) 감독의 '쉰들러 리스트 (Schindler's List, 1994)'는 한 영혼의 소중함을 생각하게 한다. 이러한 다양한 문학과 영화를 통해서 인간의 실존에 대한 고민과 성찰을 성경의 눈으로 살펴 볼 수 있게 한다.

인문학 설교에서 도스트예프스키(F. M. Dostoevski, 1821 – 1881)의 '죄와 벌'(Crime and Punishment, 1866)을 살펴보려고 한다. 주인공 라스코르

니코프(Raskolnikov, '분열'이라는 뜻)는 이 책을 읽는 독자 그리고 우리 모두를 상징하는 듯하다. 이 주인공은 가난한 대학생으로 청년 가장이면서 가족을 부양함에도 사실은 파산상태였고 여러 빚이 있었고 어머니의 연금조차도 자신이 사용하고 있었다. 이 주인공은 사람을 두 부류로 나누었다. 한 분류는 물질에 속한 사람, 또 다른 부류는 비범한 인간 즉, 초인으로 나눈다. 물질에 속한 부류는 속히 사라져야 할 인간으로 이해하는 것이다. 그리고 그는 자기 자신이 나폴레옹 같은 초인이기 때문에 그런 물질부류의 사람을 죽여도 된다고 생각하고 자기에게 학자금을 빌려준 늙은 여 노파를 도끼로 쳐서 죽인다. 그리고 두 번째 엘리사라는 여자를 능욕하고 죽인다. 그러던 어느 날 한 여자를 사귀는데 그 여자는 알코올 중독자 아버지 밑에서 이복동생 10명을 부양했다. 제정 러시아 시대의 상황을 반영해 당시의 극도로 가난하여 하는 수 없이 몸을 팔아 가정을 꾸려가는 소냐라는 여인이 나온다. 그녀는 비록 몸을 파는 여인이었지만 열심히 믿음 생활해나가는 여인으로 묘사되어 나온다. 이 소냐가 라스코르니코프를 만나고 그를 회개시키기 위해 하는 방법으로 요한복음 11장 즉, 죽은 나사로 이야기를 계속해서 읽어 준다. 라스코르니코프 그가 곧 죽은 나사로라는 것이다. 그는 살아있지만, 실상은 죽은 자라는 것이다. 지속적으로 요한복음 11장을 읽어 주는데 라스코르니코프에게 기적이 나타난다. 그가 새 삶을 찾게 되는 것이다.

도스트예프스키는 초인 사상의 오류를 지적하고 있다. 그리고 인간의 이상이나 이데올로기가 이 부조리한 사회를 바꿀 수 없는 것을 지적하는 듯하다. 이 땅에 새 에덴 그리고 새 예루살렘의 도래는 오직 그리스도의 사랑 외에는 불가능한 것이다. 오늘도 분열증 환자처럼 사람을 선과 악으로 구별하고, 남을 정죄하고 자기를 의롭게 여기며 사회의 부조리를 또는 남을 탓을 하는 많은 이들이 있다. 부자를 경멸하고, 지식인을 멸시하고, 사회를 이분법적으로 바라보는 모습 속에 혹시 내 안에 라스코르니코프의 모습이 있지는 않은가? 그처럼 혹시 나 역시 살았다고 하나 이미 죽은 자는 아닌지? 모든 원인의 근원이 나에게 있는 것은 아닌지 다시 한 번 되돌아보아야 할 것이다. 이 요한복음 11장을 통해서 죽었던 가정, 죽었던 내 심령이 회복되어 나사로처럼 다시 부활하기를 소망하며 이 소설이 쓰인 듯하다. 이를 통해 요한복음 11장을 재해석할 수 있다.

8. 즉흥설교

감리교 목회자는 목사 안수 받기 전 요구되는 세 가지 준비사항이 있다. 죽을 준비, 떠날 준비, 설교할 준비이다. 언제 어디서든 순교할 준비를 하라는 것이고 어디든 주님이 가라하시면 떠날 준비 즉, 이사 갈 준비, 그리고 마지막으로 언제 어디서든 설교 부탁이 오면 바로 설교할 준비다.

유명 가수가 노래를 요청하는데 준비가 안 되었다고 못한다고 하지 않을 것이다. 이는 곧 다른 말로 하면 그의 영성과도 결부되는 것이다. 성경에도 에디오피아 내시에게 즉흥적으로 설교를 하던 빌립 집사 이야기가 나온다. 그때에 에디오피아의 내시는 큰 은혜를 받고 마음이 기뻐서 침례 받기를 요청하고 침례를 받게 된다. 언제 어디서든 말씀을 전한다는 것은 그 자체가 기본기가 있다는 것이다. 매일 말씀 묵상으로 하루를 시작한다면 오늘 아무 때든지 말씀 강론을 요청 받았을 때에 부담 없이 말씀을 전할 수 있을 것이다.

즉흥 설교 외에도 강해 설교, 주해 또는 주석 설교 등 다양한 형태가 있다. 특히 특정 주제를 가지고 말씀을 전하는 것이 아니라 성경본문을 한 장씩 읽어가며 설교를 하는 방법은 설교의 본문을 찾는데 고민하지 않고 기독교의 경전을 풀어 주는 방법으로 권장 하는 설교 형태이다.

목회자의 가장 기본적인 본분이 성경을 읽고 해석하고 나누는 것이라 생각한다. 각 목회자의 강점과 관심분야를 살려서 성서 해석을 전하는 일에 전념해야한다고 본다. 또한, '지금처럼 성서 연구와 강론에 좋은 시점이 있을까?'하는 생각도 해본다. 미국의 조나단 에드워드(Jonathan Edwards, 1703-1758)를 통해 제 1차 대 각성 운동(First Great Awakening)이 있었을 때에 사람들은 술을 마시러 주점에 가는 대신 일찍 귀가를 하고 경건 서적을 읽고 삶의 양태가 변화되었었다고 하는데, 이제 외부 활동이 어려워지는 이 때에 하나님과의 만남을 위해 골방으로 들어가 기도와 말씀에 전무하는 운동이 일어나기를 소망한다. 이로서 기독교인들과 목회자들은 하나님과의 만남의 시간, 고전과 많은 서적들과의 만남을 통해서 영적으로 더욱 풍성한 양식을 나누어 주어야 할 것이다.

결론

　20세기 최고 신학자중 한분인 칼 바르트(Karl Barth, 1886 - 1968)는 '그리스도인들은 한 손에는 성경을, 한손에는 신문을 들고 살아야 한다.'고 했다. 설교는 현재의 시대적 상황을 반영하기 때문에 목회자가 뉴스나 문화를 접하지 않고 시대를 반영하는 설교를 하는 것은 불가능한 것이다.

　성경에 나오는 예언자들은 모두 시대적 기반에 근거한 하나님의 말씀을 대언했다. 목회자가 보아야 할 것이 칼 바르트 시대에는 신문이었겠지만, 지금은 시대를 앞서 가는 전문인 강의 '테드(TED)'를 꼭 시청하기를 권한다. 더하여 베스트셀러 책들, 그리고 성직자라고 한다면 다른 종교의 입문서 정도는 읽어야 타 종교에 대한 왜곡된 정보를 흘리지 않게 된다.

　특별히 요즘은 컨버전스(Convergence) 시대로 과학과 기독교의 만남을 많은 학자들이 시도를 하고 있다. 과학 중에서도 물리학 거기에서도 양자 물리학과 기독교의 만남을 시도하는 연구가 조직신학자중에서 뜨겁게 일어나고 있다. 심리학과 기독교의 만남을 연구하는 분들도 적지 않다. 이 모든 학문역시 하나님이 인간에게 주신 이성의 축복인 것을 우리가 인지한다면 세상과 단절하는 기독교가 아니라. 세상과 더불어 가는 기독교가 되어야 할 것이다.

라인홀드 니버(K. P. Reinhold Niebuhr, 1892 - 1971)의 동생으로 잘 알려진 리처드 니버(H. Richard Niebuhr, 1894 – 1962)의 대표적인 저작 '그리스도와 문화'(Christ and Culture, 1951)에 5가지 문화 유형이 나오는데 나는 여기서 문화와 함께 가는 기독교를 말하고 싶다. 마치 코로나 이후의 기독교가 존재하지 않고 코로나와 함께 가는 기독교라고 한다면 속된 세상을 넘어서는 기독교가 아니라 하나님이 창조한 아름다운 세상과 함께 가는 동반자의 기독교의 모델이 앞으로 우리가 지향해야 하는 참된 모델이라 생각한다.

요즘 핫한 유튜버들의 영상을 보면 배경 음악과 참고 사진은 기본적으로 등장한다. 메인 미디어보다 더 자주 자유롭게 많은 시청각 자료를 활용하고 있다. 예수님도 산상수훈에서 수많은 사람들에게 살아있는 시청각 자료를 사용하면서 설교를 했다. 하늘의 나는 새를 보라, 땅에 핀 백합화를 보라. 오늘 우리도 역사적 사료나 여러 가지 도표나 배경 사진 등을 사용하여 우리의 메시지를 전해야한다.

어떤 이들은 하나님의 말씀만 전하면 되지 그런 세상적인 자료를 디지털 자료를 사용해야 하느냐고 반문하는데, 사실은 하나님도 선지자들과 제사장들에게 꿈을 통하여 동영상 자료를 제공하고 환상을 통하여 그들에게 좀 더 쉽게 이해하도록 메시지를 전했다.

요셉의 꿈과 다니엘의 환상 그리고 사도요한이 밧모 섬에서 받은 계시는 모두 지금으로 말하면 동영상 자료인 것이다. 시대가 변하고 있다. 옛날에는 꿈과 환상으로 주님이 우리에게 말씀하시고 알려 주셨다. 지금도 역시 그러한 방법으로 계시할 수 있다. 칼 융(Carl G. Jung, 1875 - 1961)이 말한 '원형(Archetype)'적인 꿈을 통해 미래적 계시를 받을 수도 있겠지만, 현대 과학 문명을 통해, CNN이나 수많은 소셜 미디어를 통해 전 세계 뉴스를 접하고 우리 믿는 기독교인들이 무엇을 위해서 기도를 해야 하는지, 어떤 삶을 영위해야 하는지 일상 생활가운데 배울 수 있는 것이다.

예전에는 성직자가 하나님의 음성을 자연을 통하여 소문을 통하여 꿈과 계시를 통해 듣고 전했다면, 이제는 발달된 과학과 문명의 혜택으로 수많은 미디어와 여러 커뮤니케이션 매체로도 들을 수 있게 되었다. 이제 수많은 정보 중 거기에서 주어지는 우리에게 필요한 하나님의 음성을 선별하여 전해야하는 사명이 새롭게 주어진 것이다.

코로나로 인해 이제는 예전과 같이 사람들이 모이기도 어려워지지만, 이때에 목회자들은 더욱더 신앙의 본질로 돌아가 말씀 묵상하고, 삶의 진리를 찾기 위해 몸부림치고, 기도하고 어떻게 이 세상에 하나님의 나라가 임하는지, 내 안에 천국을 영위할 수 있는지 찾고 구하고 전해야할 것이다.

이제까지 교회가 너무 세속화되었다는 비판을 받아 왔었고, 프로그램화되었다는 비판을 받아왔다. 이제 말씀의 본질로 돌아올 때가 되었다. 더 많은 말씀 연구와 사람에 대한 관심과 사랑이 코로나로 힘들고 어려워하는 많은 이들에게 하나님의 나라를 선물해 주는 시발점이 될 수 있으리라 본다.

마지막으로 나는 빌립보서 4:13의 말씀으로 내 글을 마무리하고자 한다. "내게 능력 주시는 자 안에서 내가 모든 것을 할 수 있느니라." 이 말씀이 전후 맥락을 무시하고 무조건 나는 모든 것을 할 수 있다고 외치는 본문으로 잘 못 사용되어져 비판 받아왔었다.

이 말씀이 어디서 기록되어졌는지에 대해서 생각해 본다면 이 말씀의 의미가 좀 더 다르게 그리고 크게 다가온다. 사도바울이 감옥 에서 쓴 옥중서신 네 편이 있는데 에베소서, 골로새서, 빌립보서, 빌레몬서다. 이 구절 역시 감옥 에서 쓴 편지이다. 감옥 에서 무엇을 다 할 수 있을까?

많은 이들이 묻는다. 코로나 상황에서 무엇을 할 수 있겠느냐고? 그래서 나는 코로나 상황 가운데 글을 쓰기로 결심했다. 존 번연(John Bunyan, 1628 – 1688)이 감옥 에서 천로역정(The Pilgrim's Progress, 1678)이라는 대작을 쓴 것처럼, 나는 코로나 상황가운데 잘 적응 하는 목회자들을 위해서가 아니라 조금은 낙심하고 무엇을 해야 할지 모르는 목회자가 있다면 하나님의 말씀을 대언해야하는 그 분들에게 작게나마 새로운 도전을 주고 새로운 시도를 해보도록 동기부여 해드리고 싶었다.

이제는 거의 모든 국민이 소지 하고 있는 스마트 폰을 가지고 목회자 분들이 알고 있는 이야기, 우리들이 감동 받은 이야기, 기독교인들이 깨달은 귀한 은혜의 말씀을 함께 나누면 좋겠다. 그리고 다 같이 이 코로나로 불안해하고 힘들어하는 이들에게 소망을 나눠주고 사랑을 나누고 함께 이 고비를 넘어가고 새로운 크리스천으로 다시 태어나기를 소망한다. 나는 코로나 시대에 문을 닫고 방안에 있는 분들에게 이렇게 말하고 싶다.

"내게 능력 주시는 자 안에서 내가 모든 것을 할 수 있느니라"
(빌립보서 4:13).

유튜브 설교를 보고
보내온 글들

- 텍사스의 배OO 목사입니다. 지난주일 목사님 설교를 통해 큰 은혜를 받았습니다. 창세기부터 요한계시록 까지 다 푸시는데 너무 놀랐고요. 저의 같은 목사가 꼭 들어야 하는 내용이었습니다. 어머니 목사님도 최 목사님의 설교를 듣고 위로를 많이 받으시고 별이신 예수님을 설교하면서 그렇게 해석하는 것을 보고 너무 놀랐습니다. 목사님 정말 대단하십니다. 이곳 엘파소 사막에서 어떻게 살아가야 할지 설교를 통해 가르쳐 주셔서 감사합니다.

- 목사님, 한국의 경남 구미에 있는 구OO 장로입니다. 지난 금요예배의 목사님 설교에 많은 은혜를 받았습니다. 달란트와 순종의 의미를 깨닫게 되었습니다. 태국에 있는 아들 부부도 주일이 되면 목사님의 주일 설교를 온라인으로 시청하며 주일예배에 참여하고 있습니다. 은혜의 말씀 선포에 감사드립니다.

- 목사님, 오렌지카운티의 현OO목사입니다. 목사님의 말씀이 이해가 잘 되고 마음에 와 닿습니다. 담대함과 확신의 찬 말씀이 우리 내외에 큰 은혜를 주고 있습니다. 주님의 나팔수 되셔서 많은 이를 주 앞에 인도하시고 하늘 광채 나는 영원한 하늘의 스타가 되소서. 목사님 같은 분을 꼭 필요로 하는 세대에 우리가 살고 있습니다. 천하무적입니다.

- 목사님 지금 엘에이에 개척한 박OO 목사님입니다. 개척한지 2년 6개월이 지났습니다. 저의 부족함으로 인해 원고설교에서 쉽게 벗어나지 못하고 있습니다. 혹시 원고 설교에서 벗어나는데 도움이 될 만한 방법이나 샘플을 소개 부탁드립니다.

- 안녕하세요. 8월이면 엘에이에서 개척한 3주년이 되는 신OO목사입니다. 스스로 생각해도 너무 무지한 목회를 했다는 생각이 듭니다. 저에게도 교인에게도 교인들에게도 힘든 시간이었던 것 같아 후회가 됩니다. 어떻게 하면 교

회가 살고 저도 살 수 있을지 부탁드립니다.

- 목사님, 한국 의정부에서 매주 설교를 듣는 나OO 선교사입니다. 목사님의 확신에 찬 설교에 늘 은혜 받고 오늘 목사님의 설교를 통해서 기도의 응답을 받았습니다. 늘 위해서 기도드립니다.

- 저는 부산 보수장로교 출신의 박OO 장로입니다. 최 목사님의 놀라운 성경해석과 통찰을 통해 구원과 천국의 의미를 새롭게 인식하게 되었고, 오늘의 천국과 구원이 있음을 알게 되었습니다.

- 얼마 전에 우울증이 심한 친구가 연락이 와서 다른 사람과의 비교와 시기 질투로 너무 힘들다고 해서 최승목 목사님의 "천국과 지옥의 분별 방법"이라는 설교를 듣고 깜짝 놀랐습니다. 성령님이 저에게 하시는 말씀 같았어요. 목사님을 통해서 성경적으로 학문적으로 제 인생의 문제의 해답을 풀어 주시고 해소해 주셨습니다. 목사님 참으로 존경합니다.

코로나 이후 내가 전했던 온라인 설교를 보고 수많은 편지글과 댓글을 받았다. 이제 목회자의 목회영역이 지역사회를 벗어나 불특정 다수의 수많은 사람들과의 연결이 되었음을 알게 되었다. 목회자의 설교가 이제 더 많은 분들을 배려하고 살펴야 되고, 더 진실된 크리스천으로 올바로 살아야 하는 시대가 온 것 같다. 이제 정말 그리스도의 편지로 살아가는 초입에 들어서게 된 것 이다. 마지막 까지 그리스도의 편지로 그리스도의 향기로 살아가기를 소망하고, 나의 마지막 순간까지 그 자체가 설교가 되기를 소망한다.

위의 글에 문의나 설교에 도움이 필요한 분들은 이 메일로 연락해 주십시오.
최승목 목사, doctorsmchoi@gmail.com

포스트 팬데믹 시대의 목회, 예배와 설교 변화

디지털 목회 패러다임,
디지털 대면 예배와 설교로의 전환을 꿈꾸다.

김남중 교수(클레어몬트 신학대학원 실천신학 교수)

차 례

들어가는 글 _ 90

1부 용어 정의

1 팬데믹 이후(after)? 아니면 포스트(post) 팬데믹? _ 95

2 온라인(online)에서 하이브리드(hybrid),
하이브리드에서 디지털(digital) 패러다임으로의 전환 _ 96

2부 디지털 패러다임의 특징들은 무엇인가?

1 디지털 패러다임의 삼위일체 신학 _ 105

2 포스트 팬데믹 시대의 디지털 목회와 목회 돌봄
(Digitalized Ministry & Pastoral Care) 패러다임의 주제: 숨과 쉼의 신학 _ 109

3부 디지털 '대면' 예배란?

1. 디지털 예배 패러다임의 신학(theology)과 패러다임 안의 신학들(theologies), 형성(formation), 실행들(practices) _ 123
2. 예배: 과거-현재-미래의 동시 사건 _ 124
3. 디지털 대면 예배의 4중 구조 _ 126

4부 줌(Zoom)을 이용한 구체적인 디지털 대면 예배 활용법

1. 디지털 목회 돌봄의 새로운 영역 _ 151
2. 디지털 대면 예배 직후 디지털 친교와 교제 및 목회 돌봄 가능성 _ 153
3. 디지털 대면 예배에서의 찬양 _ 154
4. 포스트 팬데믹 시대에서 줌(Zoom)이 도전하는 디지털 교회론 _ 155

나가는 글 _ 160
부록 예배 컨퍼런스 2020 '온라인 성찬' 함께 경험하기 _ 164
미주 _ 172

| 들어가는 글 |

코로나19시대의
예배 공동체

세계는 현재 새로운 질병이 범유행하는 팬데믹(Pandemic), 즉 신종 바이러스 감염증인 코로나(COVID-19)와 함께(with) 사는 상황(context)이다. 이 상황이 언제 종료될지 예측이 불분명하다. 그리고 포스트(post) 코로나 시대에는 인간의 삶과 문명 그리고 자연이 어떻게 변하게 될지 예상 또한 불확실하다.

미래에 대한 전망이 뚜렷하지 않은 재난 상황에서 나타나는 두드러진 현상은 오랫동안 논의 과정을 통해 결정되어야 할 정책들이 즉각 단행되고 있다는 점이다.[1]

이러한 실례가 바로 긴급 재난 지원금이다. 이를 토대로 재산이나 소득의 유무, 노동 여부나 노동 의사 등과 관계없이 사회 구성원 모두에게 매달 최소생활비를 지급하자는 취지의 기본 소득제 입안 실현 가능성이 커지고 있다. 이처럼 '선 실행, 후 논의'의 순서로 진행될 수밖에 없는 상황들이 위드(with) 코로나 상황에서 재연되고 있다.

예배 공동체의 상황도 마찬가지이다. 코로나로 인한 긴급 재난은 예배 공동체에 큰 영향을 끼쳤고 이는 여전히 현재 진행 중이다. 무엇보다도 큰 영향은 현장에 모이지 못하게 되었다는 점이다. 예배와 교육을 포함하여 현장에서 할 수 있는 모든 대면 모임의 가능성이 줄어들었고 중단되었다. 일시적으로 상황이 좋아지면서 대면 모임이 가능해지긴 했지만, 이는 부분적이고 제한적이며 조건적이다. 언제든지 상황이 악화하면 대면 모임은 이루어질 수 없다. 이러한 상황에서 잠시 겪게 될 현상일 것으로 예상했던 시간은 줄어들기보다 오히려 더 늘어났고, 앞으로도 재난 상황은 장기화할 전망이다.

이로 인하여 신앙 공동체는 무엇을 어떻게 해야 할지 혼란(confusion)과 혼돈(chaos)을 겪고 있다.[2] 예배 공동체가 이 혼란과 혼돈의 위기를 기회로 만들어보자고 서로를 격려하는 가운데, 공동체가 실제로 느끼는 감정들은 막연함, 답답함, 불안감, 거리낌, 주저함, 소외감, 박탈감, 불만족 등등 복합적이다. 이는 범유행(Pandemic) 이후 목회 돌봄의 방향을 가늠해볼 수 있는 개개인의 그리고 공동체 전체에 나타나는 심리 현상들이다. 특히, 예배와 설교의 장소가 현장에서 온라인 공간(online space)으로 옮겨가면서 겪는 목회자와 회중의 경험들은 낙관과 긍정보다는 복합적인 감정들이 엉켜있는 비관과 부정 평가가 더 많다. 또한, 현장이 아닌 낯선 온라인 예배 공간에서 '선 실행, 후 논의'해야 하는 상황들이 재현되고 있다.

그 예의 하나가 온라인 예배 그 자체이다. 온라인 예배의 실현 여부는 오랫동안 논쟁이 되어왔던 주제였다. 논쟁이라는 단어가 암시하듯 긍정과 낙관보다는 비판적 견해들이 있어왔고 선 기능보다는 역기능을 우려해왔던 쟁점이었다. 그런데 코로나는 이러한 쟁점들을 멈추어 버렸다. 예배 공동체가 온라인 예배가 아니고서는 예배를 드릴 수 없는 상황에 직면하자 온라인 예배는 '선 실행, 후 논의'의 대표적인 예가 되었다.

또 하나의 예는 온라인 성찬식이다. 현장 예배에서 성찬식을 매 주 혹은 매달 한 번씩 해 왔던 예배 공동체들은 현장 예배처럼 온라인 예배에서도 성찬식을 지속하는 공동체와 온라인 예배 공간에서의 성찬식을 잠정 중단 하는 공동체로 구별되었다. 각 교단의 반응들도 다양하다.[3] 미국을 예로 든다면, 찬반을 해야 하는 논의의 대상으로 온라인 성찬식을 보지 않고, 현장 예배처럼 당연히 온라인 공간에서 성찬식을 해야 하는 것으로 받아들이는 제자회(The Christian Church (Disciples of Christ))와 미국 연합 그리스도의 교회(United Church of Christ, UCC)가 있다. 그리고 신중한 견해와 함께 온라인 성찬을 팬데믹 상황에서 유연하게 대처하려는 미국장로교(The Presbyterian Church (USA), PC(USA))와 연합감리교회(United Methodist Church, UMC)가 있다. 반면 온라인 성찬식에 대한 여러 가지 신학 관련 쟁점들을 조명하면서 온라인 성찬에 반대하는 견해를 가진 교단들이 있다. 혹은 교단의 입장을 아직 명확하게 정리하지 못한 상태에서 오히려 지역 교회 예배 공동체의 판단에 맡기는 경향을 보이고 있다. 이러한 상황들의 공통점은 코로나 상황에서 온라인 성찬식 또한 선 실행, 후 논의의 과정을 겪고 있다는 점이다.

몇 개월 전만 해도 예배 공동체들은 코로나 발생 초기에는 코로나 이전 시간으로의 회귀를 소망했고, 과거로 돌아가는 것이 가능할 것으로 기대했다. 그러나 상황이 장기화되고 과거로 다시 돌아갈 희망이 약화되면서 예배 공동체들은 새로운 목회, 예배와 설교의 길을 걸어가기 위한 이정표가 필요한 상황이다.

이러한 상황에서 필자는 '코로나로 인한 팬데믹 이후 목회, 예배와 설교 변화'에 대한 글을 써달라는 원고 부탁을 받았다. 휴대폰에 있는 내비게이션(길 도우미/navigation)을 열면, 목적지까지 여러 가지 경로들을 사용자 상황에 맞게 선택할 수 있는 기능이 있다. 이 글이 '팬데믹 이후 목회, 예배와 설교 변화'를 대비하는 예배 공동체에게 내비게이션(navigation)의 기능과 마찬가지로 여러 가지 경로들 중, 각자 예배 공동체의 상황에 적합하게 선택할 수 있는 목적지 도착을 안내하는 한 가지 옵션이 되기를 소망한다.

안타깝지만 이미 길을 잃어버린 교회들이 있다. 다행히도 계속해서 길을 찾고 있는 교회들이 있다. 먹먹하게도 남들이 걸어가지 않는 길을 개척하고, 없는 길도 새롭게 열어가는 교회들이 있다. 그리고 가슴 설레게도 길이 끝나는 곳에서 길이 되는 교회들이 있다. '포스트 팬데믹'을 살아내야 하는 예배 공동체가 어떤 길과 마주 대해야 할지 선택할 수 있도록 필자의 글이 작은 도움이 되면 좋겠다.

1부
용어 정의

1. 팬데믹 이후(after)? 아니면 포스트(post) 팬데믹?

우선 '팬데믹 이후'라는 용어를 정의하고 싶다. '팬데믹 이후'라는 표현은 마치 팬데믹을 극복한 '이후(after)'로 들려진다. 과연 가능할까? 어쩌면 우리는 계속해서 팬데믹 상황을 살아가야하지 않을까? 현재는 이 상황을 '코로나'라고 부르지만, 돌연변이가 출현할 수 있고 새로운 형태의 전염병인 2차, 3차 '코로나' 시대를 계속해서 살아가게 된다면 'after'라는 의미의 '팬데믹 이후'는 우리 삶에 경험되지 않을지도 모른다.

그래서 '팬데믹 이후(after)'보다는 '포스트(post) 팬데믹'이라는 용어를 사용하고 싶다. 포스트(post)를 한국어로 번역할 때 동전의 앞면과 뒷면처럼 이중의 의미가 있다. 하나는 벗어남을 뜻하는 '탈(ex)'이다. 다른 하나는 전기와 중기 다음으로 이어지는 '후기(latter times)'를 의미한다. '탈'은 벗어난 상태, 떠난 상태이지만, '후기'는 사라지지 않고 이전의 상태가 새롭게 변화/변형된 상태이다. 그런 의미에서 '팬데믹 이후'는 두

가지 특성을 함께 내포할 수 있는 '포스트(post)'라는 표현이 적합하고 하나의 의미만 있는 '팬데믹 이후(after)' 보다는 'now and after'라는 두 가지 뜻을 내포하고 있는 '포스트(post) 펜데믹'이라는 용어 사용이 이 글을 읽을 때 더 적합할 것이다.[4]

2. 온라인(online)에서 하이브리드(hybrid), 하이브리드에서 디지털(digital) 패러다임으로의 전환

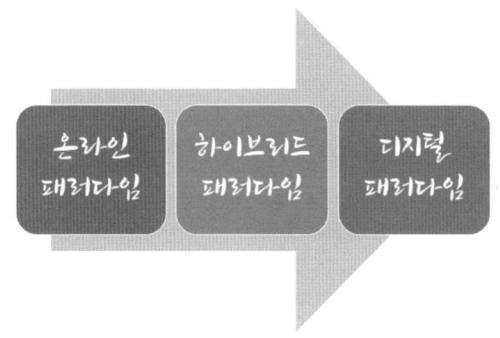

온라인, 하이브리드, 디지털 이라는 용어들은 우리에게 낯설지 않다. 그러나 필자는 이 글에서 서로 다른 패러다임의 흐름을 구별하고 변화를 주기 위해 세 단어를 구분하여 사용하고자 한다.[5]

첫째, 온라인(online) 패러다임이란 지금까지 팬데믹 이전부터 실행해 왔던 익숙한 방식이다. 설교 음성 파일 혹은 동영상 파일을 교회 홈페이지에 올리거나 찬양대의 동영상 파일을 교회 홈페이지에 게시하는 방식이다. 교회 홈페이지뿐만 아니라 유튜브, 트위터, 카카오톡, 라인, 비메오, 페이스북 등등 사회 관계망(social network)을 통해 설교와 찬양 미디어 콘텐츠를 온라인 공간을 통해 공유하는 방식이 온라인 패러다임이다. 이는 엄밀하게 말하면 온라인 예배라 할 수 없다. 현장 예배의 일부분(설교와 찬양 혹은 기도)을 영상과 음성 파일로 변환하여 가장 중요하다고 생각하는 예배의 요소들만을 온라인 공간에서 재현하고 예배 관련 미디어 콘텐츠들을 교회 안팎으로 공유하는 것이다.

둘째, 하이브리드 패러다임이다. 온라인과 하이브리드 패러다임을 구별하면, 하이브리드는 현장 예배 전체를 온라인 공간으로 옮긴 패러다임이다. 필자는 팬데믹(범유행)을 사는 예배 공동체가 현재 하이브리드 패러다임 속에 있다고 진단한다. 하이브리드 패러다임에는 여러 가지 소통 방식들이 있다. 예를 들어 현장 예배 전체를 실시간 방송(생방송)하는 방식이다. 생방송 방식에는 방송국과 비슷한 규모로 고급 촬영 및 편집 장비와 전문 송출 서비스를 이용하는 교회들이 있다. 반면, OBS(Open Broadcaster Software) 무료 프로그램을 이용하여 페이스북(Facebook)과 유튜브(YouTube), 네이버 밴드(Naver Band), 프리즘(Prism Live Studio), 카카오톡(KakaoTalk), 인스타그램(Instagram) 공간에서 비교적 저가로 실시간 방송을 하는 교회들이 있다. 실시간 방송(생방송) 촬영과 송출은 DSLR(digital single-lens reflex camera) 카메라나 휴대폰에 장착된 카메라와 유/무선 와이파이로도 가능하다. 혹은 현장 예배를 미리 녹화하여 녹화 영상을 정해진 시간에 송출하는 방식이 있다. 혹은 생방송과 미리 준비한 녹화 자료들을 병행하여 송출하는 방식이 있다. 이 또한 하이브리드 방식이다. 혹은 웹(web)과 세미나(seminar)의 합성어인

웨비나(webinar) 처럼 소통의 관점에서 원(단일) 방향의 송출 방식이 있다. 웨비나는 참여자 간 상호 소통에는 제약이 있고, 채팅과 같이 원(단일) 방향 소통 만 가능하다. 혹은 줌(Zoom)이나 구글(Google)이 제공하는 Meet, 혹은 마이크로소프트(Microsoft)가 제공하는 Microsoft Teams와 같은 온라인 공간에서 대면이 가능한 쌍방향 혹은 다방향 소통 방식이 있다.

온라인 패러다임과 하이브리드 패러다임의 차이점은 온라인이 현장 예배의 일부분과 연결되어있다면 하이브리드는 현장 예배 전체와 연결되어있다. 온라인 패러다임과 하이브리드 패러다임의 공통점은 둘 다 현장 예배가 중심이다. 말하자면, 두 패러다임의 영향 때문에 현장 예배의 순서와 구성이 달라지지 않는다. 현장 예배의 신학이나 현장 예배 안의 신학들은 두 패러다임의 영향을 받지 않는다. 두 패러다임 모두 현장 예배의 부분과 전체를 복사(copy)하여 붙여넣기(paste)하는 방식의 패러다임이다. 현장예배 음악, 현장예배 기도, 현장예배 설교, 현장예배 성찬식을 어떻게 온라인 예배공간에서 기술적으로 시청이 가능하도록 할 것인가에 대해서는 두 패러다임 사이에 공통점이 있다.

과격하게 표현하면 온라인과 하이브리드 패러다임은 현장 예배를 위한 도구와 수단이다. 필자는 예배 공동체가 온라인 패러다임과 하이브리드 패러다임의 경계선에서 여러 가지 고충과 어려움을 겪고 있음을 주목한다. 예배를 기획하는 이들의 관점에서 보면 이런 중노동이 없다. 현장 예배 준비뿐만 아니라 예배 전체를 온라인 패러다임, 하이브리드 패러다임으로 재구성해야 하고 추가 작업을 해야 한다. 팬데믹 이전에는 현장 예배 만 집중하면 되었을 일을 이제는 현장 예배의 온라인화, 하이브리드화에도 시간과 정성을 들여야 한다.

이는 산술적으로 두 배의 노동이 아니라 실제로 5배에서 10배로 예배를 준비하는 일과 시간의 양이 늘어난다. 이로 인하여 매 주마다 두 가지 형식의 예배를 동시에 신경 써야 하는 이들은 몸과 마음이 지치고 에너지가 소진된다. 이를 '탈진' 이라 표현해도 지나치지 않다.

특히 현장 예배 전체를 온라인화하는 과정에서의 기술 습득이 각 예배 공동체의 고충으로 나타나고 있다. 새로운 형태의 온라인 예배 환경을 적응하기도 어려운 상황인데 온라인 예배 환경을 구축하기 위하여 많은 시간을 들여 지식과 정보를 습득하는 과정은 결코 쉬운 일이 아니다. 아울러 촬영과 편집 기술, 그리고 저작권법에 저촉되지 않는 범위에서의 시각과 영상 디자인에 친숙해지기가 또한 만만치 않다. 그래서 서로 전혀 다른 물리적 장소와 사이버 공간에서 동시에 드려지는 현장 예배와 온라인 예배를 준비하는 과정에서 예배를 준비하는 개인 혹은 그룹은 여러 종류의 스트레스에 시달리고 있다.

예배 공동체는 어떠한가? 팬데믹 상황에서 온라인 예배를 시청하는 회중의 경험을 관찰해보면, 예배 전체가 현장 예배를 아울러 온라인과 하이브리드 패러다임으로 예배가 동시에 제공되었을 때, 서두에 언급한 복잡한 감정들을 회중은 경험하게 된다. 이 복잡한 감정들이란 막연함, 답답함, 아쉬움, 불안감, 거리낌, 주저함, 소외감, 박탈감, 불만족(섭섭함) 등이다.

현장 예배 전체를 온라인 공간으로 옮긴 하이브리드 패러다임이 비교적 잘 운영되고 있는 예배 공동체의 경우도 마찬가지이다. 회중의 참여도는 현장 예배의 경우와 비슷하며 온라인 공간에서도 현장 예배의 방식을 거의 유사하게 따라간다. 현장 예배의 구조를 온라인으로 그대로 복사하여 붙여 넣기 한 방식을 반복한다는 측면에서 필자는 이 또한 하이브리드 패러다임 범주에 포함시킨다.

셋째는 디지털 패러다임이다. 필자가 이 글에서 디지털 패러다임이 무엇인지에 대해 소개하는 것과 아울러 포스트(post) 팬데믹 시대를 사는 예배 공동체에게 제시하고 싶은 패러다임이 바로, 디지털 패러다임이다. 디지털 패러다임의 예배는 현장 예배를 녹화해서 약속된 시간에 상영하는 방식이 아니다. 혹은 현장 예배 상황을 생방송(live streaming)으로 실시간 송출하는 방식도 아니다. 디지털 패러다임은 디지털 특성에 맞는 새로운 형태의 예배 형성과 실행들(Liturgical Formation and Practices)을 새롭게 구성 하는 것이다. 현장 예배에서는 경험하기 쉽지 않은 실시간 글로컬(glocal=global+local: the interconnection of global and local issues)체험[6]이 가능한 디지털 패러다임 예배를 정성을 다해 준비해야 할 시기라는 견해를 필자는 가진다.

팬데믹 이전부터 한국 개신교는 1부 예배는 전통 예배, 2부 예배는 현대 예배, 3부 예배는 청년들과 함께하는 예배 방식으로 세대 간 특성을 고려하여 예배를 디자인 해왔다. 이를 현장예배와 디지털 예배의 구조에서 보면, 포스트(post) 팬데믹 시대의 〈1부 예배는 현장 예배, 2부 예배는 디지털 예배〉 혹은 〈오전 오후는 현장 예배, 저녁 예배는 디지털 예배〉, 혹은 〈주일에는 현장 예배, 평일에는 디지털 예배〉로 예배의 특성을 구별하여 디지털 패러다임 예배 구조가 코로나 상황이나 코로나 상황 이후의 예배에서 독립적으로 형성되어야 한다는 것이 필자의 견해이다. 온라인 예배가 당분간 있을 현장 예배의 대안과 보조라는 인식으로부터 벗어나야 한다. 그리고 현장 예배의 구조를 디지털 예배 구조에 그대로 복사하여 붙여넣기 하는 방식을 극복해야 할 전환기에 예배 공동체가 서 있다고 필자는 말하고 싶다.

포스트(post) 팬데믹 시대에는 현장 예배와 디지털 예배가 독립적으로 존재해야 하고 예배를 준비하는 개인과 그룹도 예배의 특성에 맞게 독립적으로 각각 구성되어야 한다. 이제는 유형의 예배와 무형의 예배가 예배 공동체에 상호 공존해야 한다. 이는 종교개혁가 존 칼빈(장 칼뱅/John Calvin)이 말한 하나의 교회가 가지는 다른 두 양상을 가리키는 '보이지 않는 교회와 보이는 교회(invisible and visible church)' 개념과 유사하다.[7] 필자는 이 관계를 상호의존의 관계[8] 혹은 상보와 상생의 관계로 표현하고 싶다. 서로 구별되는 고유의 특징과 특성들을 살려 현장 예배는 현장 예배답게, 디지털 예배는 디지털 예배답게 디자인 하는 것이 바람직하다. 서로 다른 특성과 개성을 지닌 두 예배의 관계를 여러 가지 특징으로 비유하면 자건거 앞뒤 바퀴와 같다. 동전의 앞면, 뒷면과 같고 빛의 파동과 입자와 같다. '불이일비(不二一非)'라는 말을 들어본 적이 있는데 '둘도 아니고 하나도 아니다'라는 뜻이다. 그저 한 몸, 한 마음이다. 필자는 현장 예배와 디지털 예배의 관계를 이와 같이 표현하고 싶다.

이에 더하여 필자는 '현장 대면 예배'와 '디지털 대면 예배'로 달리 표현함으로써 디지털 대면 예배의 특징을 좀 더 구체적으로 설명하고 싶다. 현장과 디지털 다음에 '대면(facing)'을 추가한 이유는 '현장에서는 만날 수 있고, 온라인에서는 만날 수 없다.' '현장은 대면이고, 온라인은 비대면이다.' 는 인식에서 벗어나고 싶기 때문이다. 정신과 육체는 분리되지 않는다. 유기적으로 연결되어있다. 그래서 만남과 대면은 정신과 육체 모두를 포함한다. 현장에서의 만남만을 진정한 만남이라고 규정할 수 없다. 진심이 떠난 현장에서의 만남이라면 그것은 진정한 대면일 수 없다는 말이다. 반면 온라인에서의 만남은 진정한 만남이 될 수 없다고 단정할 수 없다. 온라인 공간에서 서로 웃고 울고 떠들고 침묵하고, 서로의 감정을 공감하면서, 눈을 마주치고 진심을 다해 소통한다면 어찌 그와 같은 만남을 대면일 수 없다고 단정할 수 있겠는가? 우리는 책을 통해서 저자와 대면하고 등장인물들과 만난다. 영화를 보면서 감독과 대면하고 이야기와 마주한다. 사회 관계망을 통해서도 사람들과 만나고 대면한다. 이 모든 만남과 대면들이 진정성을 가진다면 필자는 이 또한 '대면' 이라고 표현하고 싶다.

그러므로 온라인 공간에서도 충분히 대면 예배가 가능하고 오히려 현장 대면 예배의 제약과 한계를 디지털 대면 예배의 특징들이 극복할 수 있다고 필자는 생각한다. 예를 들어 줌(Zoom) 이라는 온라인 공간에서 사람들이 만나면, 말 그대로 '대면' 이다. 서로가 서로의 얼굴을 마주 보고, 심지어 자신이 자신의 얼굴과도 대면한다. 이를 예배 신학의 관점으로 해석하면 개인이 개인과, 개인이 공동체와, 개인과 공동체가 하나님과 대면하는 예배가 온라인 공간에서 가능하다는 뜻이다. 실제로 필자가 줌(Zoom)으로 하루 6시간씩 총 10일간의 수업을 마치고 학생들에게 받은 피드백들이 독자들의 '대면'에 대한 이해를 돕는데 도움이 될 것 같다.[9]

학생 1: "온라인 수업 공간이 치유의 공간이었습니다."

학생 2: "줌으로 수업하는 내내 제 자신의 태도와 수업에 임하는 제 자신의 얼굴 표정을 볼 수 있었습니다. 제가 공부할 때 이런 태도와 시선으로 사람들을 바라보고 가르치는 분을 바라보며 듣고 말하는 모습을 처음 보았습니다. 여러 가지로 화면 앞에 비추어지는 제 자신의 모습에 대해 생각할 수 있는 시간들이 많았습니다."

학생 3: "줌(Zoom) 공간에서 온라인 수업을 하는 내내 서로의 얼굴을 마주보니, 대면 수업보다 오히려 동료 학우들의 임재와 부재를 더 가깝게 느낄 수 있었습니다. 이는 현장 수업에서는 경험 할 수 없는 새로운 느낌이었습니다."

디지털 패러다임의 특징들은 무엇인가?

그렇다면 포스트(post) 팬데믹의 시대 상황이 요청하는 '디지털 패러다임'의 특징은 무엇일까? 이 패러다임의 특징을 이해할 때 이 패러다임에 기반을 둔 신학, 목회, 예배, 설교에 대한 이해를 보다 더 명확하게 할 수 있을 것으로 전망한다. 필자는 오레곤(Oregon) 조지 폭스 대학교(George Fox University in Newberg, Oregon)에서 설교를 가르치는 양성구 박사의 견해에 근거해, 이 디지털 패러다임의 특징들을 필자 나름대로 아래와 같이 다섯 가지로 범주화하고자 한다.[10]

첫째는 가변성(Variability)과 혁신성(Fluidity)이다. 이를 유연성(Flexibility)이라고 해도 좋다. 둘째는 공유성(Sharing with)이다. 셋째는 유기적 연결성(Organic Connectivity)이다. 넷째는 편재성(Ubiquity)이다. 다섯째는 전인적 예술성(Holistic Artistry)이다. 마치 시각(sight), 청각(hearing), 촉각(touch), 후각(smell), 미각(taste)으로 구성된 우리 몸의 오감(five senses)처럼 디지털 패러다임의 다섯 가지 특징들이 우리 몸의 오감에 해당된다.

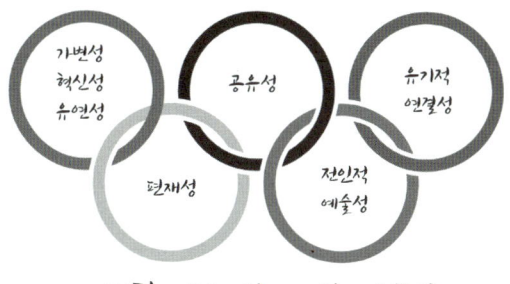

디지털 패러다임의 다섯가지 특징

교회 미래학자 레너드 스윗(Leonard Sweet)은 이러한 미래 교회의 특징들을 MRI 교회 혹은 EPIC 으로 표현했다. MRI는 선교적(missional), 관계적(relational) and 성육신적/화육적(incarnational) 특징을 나타낸다.[11] EPIC은 경험적(experiential), 참여적(participatory), 상상력이 넘치는 비언어적 혹은 이미지적(image-rich) 그리고 연결적(connective) 특징을 가리킨다.[12] 필자는 이에 더하여 양성구 박사의 강연 내용에 기초를 둔, 필자 나름대로 정리한 디지털 패러다임의 다섯 가지 특징들을 더하고 싶은 것이다.

1. 디지털 패러다임의 삼위일체 신학

흥미롭게도 디지털 패러다임의 다섯 가지 특징들은 삼위일체 하나님의 현존(presence)과 유사하다. 앞에서도 언급하였듯이 신학-목회-예배-설교를 모두 디지털 패러다임의 다섯 가지 특징들과 연결하여 생각한다면 많은 통찰을 얻게 될 것이다. 우선 신학을 생각해보자.

첫째, 삼위일체 하나님의 임재는 가변적이고 혁신적이며 유연하다. 이는 삼위일체 하나님의 고유한 임재 방식이다. 성부 하나님께서 성자 예수로, 성자 예수께서 성령 하나님으로, 성령 하나님께서 성부 하나님으로 자신의 존재 방식을 혁신적으로 변화시키고 유연하게 임재 하신다. 예수의 변화산 상에서의 변형 사건이 이러한 예에 해당할 수 있겠다. 하나님은 모세에게 떨기나무 불꽃 가운데 임재하셨다. 선지자 엘리야에게는 세미한 음성으로 임재하셨다. 성령 하나님은 뜨거운 불처럼, 비둘기와 같이, 바람처럼 임재 하셨고 지금도 임재하신다. 예수께서는 인간의 몸을 입고 오셔서 이 땅에서 함께 사셨고 함께 먹고 마셨다. 유형과 무형, 장소와 공간 어디에서나 삼위일체 하나님은 임재하고 공존하신다. 이는 디지털 패러다임의 '가변성, 혁신성, 그리고 유연성'의 특징을 잘 보여준다.

둘째, 삼위일체 하나님은 서로 통한다. 모든 것을 서로 공유한다. 소통이 닫혀있지 않다. 상호 공감하고 공명하며 조율한다. 이 공유의 핵심은 연민과 사랑이다. 이를 한국어로 설명 하면 '애(창자)' 끓는 마음, 애타는 마음, 애간장이 녹는 마음이다. 삼위일체 하나님은 연민과 사랑을 공유한다. 그리고 이 이야기는 특별히 요한1서에 가득하다. 공유의 다른 측면은 나눔이다. 삼위일체 하나님은 특별 계시와 일반 계시를 통해 우리와 모든 것들을 나누고 드러내신다. 소통은 일방적이지 않고 쌍방적이다. 다양한 방식으로 우리와 소통하시고 다양한 방법으로 자신의 계시를 드러내신다. 이는 디지털 패러다임의 특징인 〈공유성〉을 잘 나타낸다.

셋째, 삼위일체 하나님의 관계는 막힘이 없고 서로에게 개방적으로 열려있다. 서로 유기적으로 연결되어 있다. 삼위일체 하나님은 세 분의 관계처럼 하늘과 땅을 연결하고 인간과 하나님을, 사람과 사람을, 인간과 자연, 성과 속을 서로 연결하신다. 에베소서는 이를 예수 그리스도와 교회의 관계를 통해 잘 설명해주고 있다. 예수 그리스도는 교회의 머리이고 교회는 그리스도의 몸이다. 은사를 받은 사람들도 한 사람의 몸처럼 유기적으로 연결되어있다고 바울 사도는 설명한다. 요한복음은 예수 자신을 포도나무, 그의 제자들을 가지로 표현함으로써 상호 긴밀하게 연결된 생명 공동체임을 보여준다. 이는 디지털 패러다임의 '유기적 연결성'을 잘 나타낸다.

넷째, 삼위일체 하나님의 현존은 과거와 현재 그리고 미래와 함께 하신다. 시간들은 서로 연결되어있고 장소(place)와 공간(space)은 서로 연결되어있다. 이를 잘 설명해주는 것이 하나님의 무소 부재성이다. 이는 모든 만물에 하나님이 편재하신다는 의미이고, 또한 하나님의 연민과 사랑은 어떤 시간, 장소, 공간의 제약을 받지 않는다는 의미이기도 하다. 이를 달리 표현하면, 하나님의 영원성이다. 이는 디지털 패러다임의 '편재성'을 잘 나타낸다.

다섯째, 전인적 예술성은 삼위일체 하나님 사역의 가장 뚜렷한 특징이다. 없음에서 있음을 창조한 사건 자체가 예술이 아닌가? 이와 같이 예술은 무에서 유, 죽임에서 살림, 혼돈에서 질서를 형성해가는 창조적 긴장의 연속이다. 1956년 출판된 에리히 프롬(Erich Fromm)이 쓴 'The Art of Loving'을 '사랑의 기술'로 번역했는데, 예술성을 기반으로 삼위일체 하나님의 사역을 표현한다면 '창조의 기술(The Art of Creating)', '구원의 기술(The Art of Saving)', '돌봄과 치유의 기술(The Art of Caring and Healing)', '함께 일함의 기술(The Art of Working Together)' 등 전인적 예술성이 아닌 것이 없고, 없는 곳이 없다고 할 수 있다.

예수의 가르침 가운데 예화들과 비유들은 예술적이지 않은 것이 없을 정도로 풍부한 상상력을 불러일으킨다. 보이지 않는 말씀이 보이는 육신이 된 사건은 얼마나 훌륭한 전인적 예술성인가? 창세기부터 요한계시록까지 성경이 모든 예술 작품들의 소재가 되고 있다는 것은 성경 자체가 예술이고 삼위일체 하나님이 예술 그 자체라는 사실과 무관하지 않다. 그러므로 신학을 실천적으로 번역하는 설교와 예배 그리고 심지어 목회 또한 예술의 일부가 아니라 각각 고유하고 특별한 전인적 예술 그 자체라고 필자가 말한다면 그것은 거시적인 관점에서 볼 때 전혀 이상하지 않은 표현이다.

삼위일체 하나님은 관계적 측면에서 전인적 예술성의 극치를 보여주고 있으며 온 우주 만물을 계시의 소재로 활용한다는 측면에서 또한 전인적 예술성의 아름다움과 포용성을 보여준다. 여기서 '전인적(holistic)'이라는 말은 인간의 차원에서는 '지정의'와 '오감' 전체를 아우르는 통합적인 개념이다. 깊이 생각하고 느끼고, 그 생각과 느낌을 실천할 수 있도록 돕는 촉매가 바로 전인적 예술성이다. 보고 듣고 만지며 냄새를 맡고 맛볼 수 있는 전체 감각이 살아나고 통합적으로 경험될 수 있도록 돕는 과정이 전인적 예술성이다. 이 전인적 예술성은 인위적으로 만들어지는 것이 아니라 가장 자연스러운 것이다. 디지털 패러다임은 바로 이러한 '전인적 예술성'의 특징을 잘 나타낸다.

2. "포스트 팬데믹 시대의 디지털 목회와 목회 돌봄(Digitalized Ministry & Pastoral Care) 패러다임의 주제: 숨과 쉼의 신학"

필자는 지금까지 가변성/혁신성/유연성, 공유성, 유기적 연결성, 편재성, 그리고 전인적 예술성 등 다섯 가지 특징으로 이루어진 디지털 패러다임의 특징과 삼위일체 하나님의 속성의 유사성을 신학의 관점에서 간략하게 살펴보았다.

포스트(post) 팬데믹 시대의 목회는 바로 이러한 디지털 패러다임의 다섯 가지 특징들이 예배 공동체 안에서 실제적으로 경험될 수 있는 디지털 목회 패러다임으로의 전환을 요청한다. 그렇다면 디지털 목회 패러다임의 목적과 목표는 무엇이 되어야 할까? 필자는 여기서 디지털 목회 패러다임의 목적과 목표를 '숨(Pneuma)'과 '쉼(Sabbath)'으로 제시하려고 한다.

팬데믹 시대 디지털 패러다임 특성에 기반을 둔 디지털 목회 패러다임

전 세계는 산업화 문명에서 숨을 고르고 숨을 제대로 쉬고 살기가 무척 어려운 시대를 살고 있다. 바쁘고 분주한 일상에 지쳐 회복이 어

려운 고단한 삶을 살고 있다. 한편 문명이 자연을 학대하고 훼손한 결과로 코로나가 왔다. 문명을 향한 자연의 반격이 팬데믹이라는 범유행으로 시작되었다면 우리는 우리가 살아왔던 문명 그 자체에 대한 비판적 성찰과 반성이 있어야 할 것이다. 숨이 막히고 쉼이 가능하지 않은 문명을 만든 책임은 분명 우리 모두에게 있다.

예배 공동체도 예외가 아니다. 교회도 코로나를 기점으로 자연이 매서운 공격을 시작한 이 산업화 문명에 편승해왔다. 숨쉬기 어렵고 고단함을 회복하기 어려운 상황의 결과는 예배 공동체의 책임 또한 크다. 필자는 이 과도기의 경계선 혹은 전환기의 기로에 서있는 목회 패러다임의 방향 전환을 요청하고 싶다. 그 방향은 바로 '숨과 쉼'으로의 방향 전환이다. 이는 디지털 목회 패러다임의 심장이자 원동력이다.

'쉼'이라는 주제는 필자의 생각에서 나온 것이 아니다. 창세기의 창조 이야기에서부터 '쉼(안식: sabbath)'을 주제로 하는 이야기가 들려온다. 성서는 창조 이전의 세계가 혼돈(chaos)과 무질서였음을 보여준다. 그러나 창조 이후의 세계는 질서와 조화(cosmos)였음을 보여준다. 흥미로운 것은 '쉼'은 질서와 조화를 형성해가는 창조의 일부분이었다는 것이다. 또한 '쉼'은 질서와 조화를 계속해서 유지해나가기 위한 '쉼표'와 같은 과정이었다. 그래서 쉼이 없는 곳은 혼돈과 무질서가 존재한다. 아니, 혼돈과 무질서에는 쉼이 없다. 이에 더하여, 쉼이 없는 삶은 자신의 삶뿐만 아니라 타인의 삶도 엉망으로 만들어버린다는 데에 그 심각성이 있다.

창조 이야기뿐만 아니라, 출애굽기 20:8-10과 신명기 5:12-15도 모두 '쉼'에 대한 이야기다. 이 내용은 아래에서 지면을 할애하여 좀 더 깊이 다룰 것이다. 열왕기상 17장에서 지쳐있던 엘리야와 사르밧 과부에게 하나님께서 각각 먹을 것을 제공해주신 이야기도 분명 '쉼'의 이야기다. 시편 23:2에 "그가 나를 푸른 풀밭에 누이시며 쉴 만한 물 가로 인도하시는도다"(개역개정) 도 쉼에 대한 이야기다. 오병이어 이야기에서 예수께서 사람들을 모두 배부르게 먹게 하신 사건도 분명 쉼에 대한 이야기다. 마태복음 11:28의 "수고하고 무거운 짐 진 자들아 다 내게로 오라 내가 너희를 쉬게 하리라"는 쉼이 구원으로 연결됨을 되새겨볼 수 있는 본문이다. 이에 더하여, 예수께서 마가복음 2:27에서 "사람을 위하여 안식일이 있지, 사람이 안식일을 위해 있는 것이 아니다"라고 하신 말씀은 어떠한가?

이처럼 디지털 목회 패러다임의 목적과 목표는 '쉼'의 이야기들이 예배 공동체의 삶에서 바르게 해석되어야하고 회복되어야 하며 실천적으로 경험되어야 하는 것과 연결된다. 그리고 이 경험이 일상의 삶으로 확대되도록 디지털 목회와 목회 돌봄이 도와야 한다. 그런 점에서 포스트(post) 펜데믹 시대의 목회 패러다임이 '쉼'의 구조로 전면 재조정 되어야 함을 요청하는 것이 필자가 이 글을 쓰는 목적이다.

그렇다면 '숨'은 어떠한가? 창세기 2:7과 요한복음 20:21-23은 숨에 대한 각각 대표적인 이야기들이다. 하나님께서 땅의 먼지(the dust of the ground)를 모아 사람을 만드시고 생기(숨)를 그 코에 불어넣으시니 그 사람이 살아있는 존재(a living being)가 되었다는 메시지가 바로 창세기 2:7의 이야기이다. 보이지 않는 것(숨)과 보이는 것(땅의 먼지)이 호흡하여, 사람이 아니라, 살아있는 존재가 되었다. 숨에는 날숨과 들숨이 있다. 한자어로 이를 호흡(呼吸)이라고 한다. 들이 마시는 숨과 내쉬는 숨이 순환을 해야 생명이 산다. 생명은 그렇게 이루어지는 것임을 성서를 말하고 있다. 숨은 생명이다. 살림이다. 숨이 없는 곳은 생명이 죽고 숨이 있는 곳은 생명이 산다. 그래서 숨을 동사로 말하면 살림이고 그 반대는 죽임이다. 생명은 보이는 것과 보이지 않은 것 사이의 상호 순환을 통해 살아간다.

필자는 여기서 두 개의 예수의 대화가 생각난다. 하나의 대화는 요한복음 3:3에 나오는 "사람이 거듭나지 않으면 하나님 나라를 볼 수 없다."는 예수와 니고데모 사이의 대화 중 일부분이다. '거듭남'을 뜻하는 헬라어 '아노쎈(νωθεν)'은 세 가지 의미가 있다. 'born again', 'born from above', 그리고 'born anew'이다. 니고데모는 이 세 가지 단어들 중 'born again'의 의미를 예수께 좀 더 확인하고 싶었던 것 같다. 숨과 관련해서 필자는 이 거듭남을 'born from above'라는 뜻으로 해석하고 싶다. 사람이 살아있는 존재가 되려면 땅에서 한 번 태어나고 하늘로부터도 다시 한 번 태어나야 함을 의미한다. 사람의 생명은 무릇 땅과 하늘의 호흡을 통해 성숙해져가는 것이다. 또 하나의 대화는 광야 시험에서 나오는 대화이다. 예수께서 광야에서 40일간 시험을 겪으며 돌들을 떡덩이로 만들라는 마귀의 유혹에 대응했던 예수의 응답은 다음과 같다. "사람이 떡으로만 살 것이 아니요 하나님의 입으로부터 나오는 모든 말씀으로 살 것이라." 사람이 무릇 육의 양식과 영의 양식을 마땅히 호흡하며 살아야 함을 깊이 생각하게 하는 대목이다.

요한복음 20:21-23에서 부활하신 예수는 제자들에게 평강이 먼저 그들에게 있기를 바란다며 평화의 인사를 건넨다. 이후 숨을 내쉬며 말하기를 "성령을 받아라." 하신다. 그 다음 절로 이어지는 내용이 흥미롭다. "그대들이 누구의 죄든지 용서하면 그 죄가 용서를 받을 것이지만, 용서하지 않으면 그 죄가 그대로 있게 된다"는 내용이다. '숨(생명)'이 '평화'와 '용서'로 이어지고 이러한 삶의 에너지들이 '성령'과 연결되는 부분은 분명 '보이지 않는 나'와 '보이는 나' '땅에서 한 번 태어난 나'와 '하늘로부터 다시 한 번 태어난 나' '떡을 먹고 사는 나'와 '꿀처럼 단 생명의 말씀을 먹고 사는 나'가 어떻게 '성령의 능력' 안에서 평화와 용서를 호흡하며 고귀한 생명체, 다시 말해 어떻게 하면 '사람이 사람답게' 살아가야하는지를 깊이 생각하게 한다. 필자가 보기에 성경의 전체 내용은 이와 같이 숨(창조)과 쉼(구원), 살림과 회복에 관한 이야기들로 가득하고 '숨'과 '쉼'의 구조로 성경 전체가 구성되어있다고 해도 과언이 아니다.

앞서 언급한, 출애굽기 20:8-10과 신명기 5:12-15을 중심으로 디지털 목회 패러다임의 방향과 목적을 좀 더 깊이 되새겨보자. 사람의 마음이 너무 분주하면 소중한 것을 잊어버리거나 잃어버리고 산다. 삶의 여백이 없고 빈 공간이 없기 때문이다. 숨과 쉼은 나와 우리의 생명을 살리고 생명을 회복시키는 것과 연결된다. 이는 역사를 거슬러 올라가면 히브리어 성서에서 약자와 가난한 자를 돕고 만민에게 평등할 것을 요청하는 '약자 보호법'과 아래의 본문과 같이 고대 이스라엘의 역사적 경험에서 비롯된 애굽에서의 '노예 생활'에 근거한다.

"너희는 이방인을 학대하거나 억압해서는 안 된다. 너희도 애굽 땅에서 몸 붙여 살던 나그네였다. 너희는 과부와 고아를 괴롭히면 안 된다."(출 22:21-22)

"너희와 함께 사는 외국인 나그네를 너희의 본토인처럼 여기고 그를 너희의 몸과 같이 사랑하여라. 너희도 애굽 땅에 살 때에는 외국인 나그네 신세였다."(레 19:34)

아래의 본문들은 '약자 보호법'을 같은 맥락에서 언급하고 있다.

"너희는 근거 없는 말을 해서는 안 된다. 악인과 합세하여 권세 부리는 자들에게 유리한 증언을 하지 말라. 다수를 따라 불의에 가담하지 말라. 재판정에서 다수를 따라 그릇된 판결이 내려지도록 증언을 해서는 안 된다"(신 23:1-2)

"외국 사람과 고아의 소송을 맡아 억울하게 재판해서는 안 된다. 과부의 옷을 저당 잡아서는 안 된다. 너희가 애굽의 종살이하던 것과 주 하나님이 너희를 거기에서 속량하여 주신 것을 기억하라."(신 24:17-18)

"너희 가운데 누가 어렵게 사는 나의 백성에게 돈을 꾸어주게 되거든 그에게 채권 행세를 하거나, 이자를 받지 말라. 만일 너희

가 이웃에게 겉옷을 담보로 잡거든 해가 지기 전에 반드시 돌려주어야 한다."(출 22:24-26)

특히 아래의 본문은 인생을 최선을 다해 75%만 살고 이웃을 위해 나머지 삶의 25%의 여백을 남겨두는 것, 이것이 히브리어 성서에서 말하는 '약자 보호법'의 기본 정신임을 상기시킨다.

"네가 네 밭에서 추수할 때, 들에서 곡식 한 단을 잊어버렸거든 그것을 가지러 돌아가지 마라. 그것은 이방 사람이나 고아나 과부를 위한 것이 될 것이다. 그러면 네 하나님 여호와께서 네 손으로 하는 모든 일에 복 주실 것이다. 네 올리브 나무의 열매를 떤 뒤 그 가지를 살피러 다시 가지 마라. 그것은 이방 사람이나 고아나 과부를 위한 것이다. 네가 네 포도원에서 포도를 수확할 때 다시 가서 따지 마라. 그 남은 것은 이방 사람이나 고아나 과부를 위해 남겨 두어라. 네가 이집트에서 종이었던 것을 기억하여라. 그런 까닭에 내가 이렇게 하라고 명령하는 것이다."(신 24:19-22)

이 생활 구조(system, structure) 안에서 타인을 향한 숨과 쉼의 여백이 생긴다. 바로 이러한 생활 방식이 예수가 가르친 안식일의 본래 정신이다. 그리고 하나님 나라 생활 방식이다. 마가복음 2:27에서 예수는 안식일에 배가 고파서 음식을 먹은 제자들에게 '안식일에 하지 말아야 할 일을 했다'고 비난하는 완고한 바리새인들을 향해 다음과 같이 대응하였다. "안식일이 사람을 위하여 있는 것이요, 사람이 안식일을 위하여 있는 것이 아니다." 논쟁의 핵심이 되었던 이 가르침을 제대로 해석하고 이해하기 위해, 히브리어 성서에 기록된 '안식일 준수의 본래적 정신과 그 의미'를 살펴볼 필요가 있다.

첫 번째 정신과 의미는, "기억하라"다. 안식일 준수와 관련된 출애굽기 20:8-10은 그 근거를 '하나님의 창조 사역의 패턴'에서 찾고 있다. 인간이 육일 동안 일하고 하루 쉬는 것은, 하나님의 창조 사역의 패턴을 따르는 것이다. 육일 동안 노동이 있었으면 하루는 쉼이 있어야 한다는 내용이다. 그러므로 하나님의 백성들은 하나님께서 창조하신 사역의 패턴대로, 일주일에 하루를 쉬어야 한다. 그 명령을 '기억'하고 '실천'함으로 하나님을 존중하고 경외하는 것이다. 여기서 '기억'과 '실천'은 예배를 형성하는 핵심 요소들이다. 출애굽기 20:8-10은 다음과 같이 기록하고 있다.

> 20:8 안식일을 기억하여 거룩하게 지키라.
> 20:9 엿새 동안은 힘써 네 모든 일을 행할 것이나
> 20:10 일곱째 날은 네 하나님 여호와의 안식일인즉 너나 네 아들이나 네 딸이나 네 남종이나 네 여종이나 네 가축이나 네 문안에 머무는 객이라도 아무 일도 하지 말라.

두 번째 정신과 의미는, "지키라"다. 안식일 준수와 관련된 두 번째

본문은 신명기 5:12-15에 기록되어있다. 그 기록은 출애굽 사건 이전에 애굽에서 경험했던 '이스라엘 백성들의 고난과 고통을 야기한 노예 노동'에 근거한다. 애굽에서 종으로 살았던 출애굽 공동체는 연중무휴 즉, 단 하루도 애굽에서 맘 편히 쉴 수 있는 날이 없었다. 따라서 쉰다는 것은, 하나님의 구원 사역으로 인해, 노동과 쉼을 자기 스스로 선택할 수 있는 자유인이 되었다는 일종의 간증이다. 그러므로 '지키라는 의미에서의 안식일'은 고된 노동의 종살이로부터 해방된 것을 칠일에 한번씩은 실천하라는 것이다.

구체적으로 무엇을 실천하라는 것일까? 하나님께서 출애굽 공동체에게 쉼의 자유를 제공하신 것처럼, 그들도 칠일에 하루는 일하지 않고 모두 다 쉬게 하라는 것이다. 타인에게 쉼을 제공하는 것이다. 여기서 '지킴'과 '실천' 또한 예배를 형성하는 중요한 요소들이다. 신명기 5:12-15은 다음과 같이 기록한다.

> 5:12 네 하나님 여호와가 네게 명령한 대로 안식일을 지켜 거룩하게 하라.
>
> 5:13 엿새 동안은 힘써 네 모든 일을 행할 것이나 5:14 일곱째 날은 네 하나님 여호와의 안식일인즉 너나 네 아들이나 네 딸이나 네 남종이나 네 여종이나 네 소나 네 나귀나 네 모든 가축이나 네 문 안에 유하는 객이라도 아무 일도 하지 못하게 하고 네 남종이나 네 여종에게 너 같이 안식하게 할지니라.
>
> 5:15 너는 기억하라 네가 애굽 땅에서 종이 되었더니 네 하나님 여

호와가 강한 손과 편팔로 거기서 너를 인도하여 내었나니 그러므로 네 하나님 여호와가 네게 명령하여 안식일을 지키라하느니라.

요약하면, 안식일 준수는 하나님의 창조사역의 패턴을 기억 하는 것(remembering)이다. 그리고 하나님의 구원 사역을 지키는 것(keeping)이다. 창조(숨)와 구원(쉼)이 과거에 일어났던 사건처럼 회상하지 말고, 오늘 여기서 그 안식일의 정신과 의미를 재현하고 실천하는 것이다. '하나님의 창조 사역의 패턴을 기억한다는 차원'에서의 '안식일'이란, 칠일에 하루를 쉬며, 우주의 참 주인이 누구인지를 기억하고 그것을 선포하며 창조주 하나님께 예배를 드리는 시간이다. '하나님의 구원 사역을 지킨다는 차원'에서의 '안식일'이란, 하나님의 구원, 해방, 자유가 모든 생명들에게 경험되도록 쉼을 제공함으로써 삶으로 예배를 드리는 시간이다. 성서는 이 날에 집안의 노예와 식객과 심지어 가축에게까지도 안식, 즉 쉼을 제공하라고 규정하고 있다. 그러므로 '하나님의 창조 사역의 패턴을 기억한다는 차원'에서의 안식일이 '내가 살고 내가 쉬는 시간'이라면, '구원 사역을 지킨다는 차원'에서의 안식일은 '내가 아닌 이웃과 자연을 살리고 다른 이들을 쉬게 하는 시간'이다. 여기서 '기억하는 것'과 '지키는 것/실천하는 것'은 동일한 의미다.

따라서 마가복음 2장에서 3장으로 이어지는 예수와 바리새파인들 사이에 벌어진 '안식일 논쟁'과 '예수께서 안식일에 한 손 오그라든 사람을 치유하셨던 사건'은 앞서 언급한 안식일의 본질과 참된 정신에 대한 두 가지 차원들에 대한 이야기이다. 다시 말해 마가복음은 '나 자신의 쉼을 위해 하나님의 창조 사역의 패턴을 기억하는 차원'과 '나 아닌 이웃에게 쉼을 제공하기 위해 하나님의 구원 사역을 지키는 차원, 실천하는 차원' 중, 어느 하나가 마비되어 있었다는, 당시 유대교 상황을 폭로하고 있음을 주목해야 한다.

예수는 한 쪽 손이 마른 사람을 안식일에 고치면, 고발하려던 바리새인들의 마음의 완악함을 보시고 마가복음 3장 4절에서 그들에게 묻는다. "안식일에 선을 행하는 것과 악을 행하는 것, 생명을 구하는 것과 죽이는 것, 어느 것이 옳으냐?"(막 3:4) 이 질문을 되새김질 해 보면 예수는 안식일의 본래 정신이었던 '이웃에게 쉼을 제공하는 하나님의 구원 사역을 실천하는 차원'에서의 안식일이 유대교 안에서 훼손되고, 마비되어있음을 지적하고 있다. 즉 '안식일'이 '안식일 주의'로 굳어버린 것이다.

예수에게 있어 안식일은 숨 쉬게 하는 날, 살리는 날 이다. 내가 숨을 쉬고 살며 이웃을 숨 쉬게 하고 살리는 날이다. 예수에게 있어 안식일은 수고하고 짐 진 삶에 쉼을 제공하는 날이다. 내가 쉬고 이웃을 쉬게 하는 날이다. 하나님의 '창조 사역'을 기억하고 '구원 사역'을 실천하는 날이다. 이러한 기억과 실천이 곧 참된 예배가 아니겠는가?

여기서 필자는 숨을 쉬도록 살리는 것, 쉼을 제공하는 것을 조금 깊고 넓은 차원에서 해석할 필요가 있다고 생각한다. 다시 말해, 한 손이 마비된 사람에게는 그 손이 펴지는 것이 숨이고 쉼이다. 주린 배를 채우지 못한 사람에게는 배고픔을 해결하기 위해 먹는 것이 숨이고 쉼이다. 물에 빠져 죽어가는 사람이 있다면, 물에서 구출되는 것이 숨이고 쉼이다. 기계처럼 내몰려 살아가는 노동자들에게는 하루를 쉴 수 있는 휴식을 보장 받는 것이 숨이고 쉼이다. 반면, 직장을 잃었다거나 일거리가 없는 사람들에게는 일자리를 얻는 것이야말로 진정한 숨이고 쉼일 것이다. 필자는 이와 같이 숨과 쉼이 예배와 만날 때, 예배가 예배의 공공성 즉, 예배와 사회 정의(worship and social justice)로 확장되어야 한다고 생각한다.[13]

마가복음 2:28절에서 예수는 흥미롭게도 "사람의 아들이 안식일의 주인이다"라고 하였다. 우리는 자기 스스로를 가리켜 인자, 사람의 아들이라 언급하곤 하였던 예수의 자기 정체성과 사역을 통해 예수 운동의 핵심이 무엇인지를 가늠해 볼 수 있다.[14] 예수 운동의 핵심은 "생명을 살리는 일/숨을 쉬게 하는 일 그리고 쉼을 제공하는 일"이었다.

> "수고하고 무거운 짐 진 자들아 다 내게로 오라 내가 너희를 쉬게 하리라 나는 마음이 온유하고 겸손하니 나의 멍에를 메고 내게 배우라 그러면 너희 마음이 쉼을 얻으리니 이는 내 멍에는 쉽고 내 짐은 가벼움이라"(마 11:28-30)

안식일은 '생명을 살리는 날/숨을 쉬게 하는 날'이다. 그리고 '쉼을 제공하는 날'이다. 이와 같이, '쉼을 제공하고 생명을 살리는 일/숨을 쉬게 하는 일'이 안식일 준수와 정신의 본질이라면, 생명을 살리는 일/숨을 쉬게 하는 일, 그리고 쉼을 제공하는 일에 자신의 일생을 바친 예수의 탄생, 삶, 사역, 고난, 죽음, 부활 자체가 '안식일'이 아니겠는가?

"인자가 안식일의 주인(막 2:28)"이라는 말은 '예수의 일생이 안식일이다'라는 뜻과 무관하지 않다. 우리는 안식일 준수의 본래 정신과 의미를 통해서, 예수의 일생이 곧 '안식일'이었음을 깨닫게 된다. 그러므로 우리의 일생(삶)도 이 안식일의 본래 정신과 의미에 초점을 맞추어야 한다. 우리의 일생(삶)이 안식일이어야 한다는 말이다.

고린도전서 6:19에서 사도 바울이 "여러분의 몸이 하나님의 성전"이라는 사실을 깨닫기 바란다고 권면했던 것처럼, 필자는 독자들에게 여러분의 일생(삶과 신앙)이 안식일이어야 하고, 더 나아가 '여러분 자신'이 '안식일'이어야 함을 깨닫기를 바란다는 뜻을 전하고 싶다. 우리 삶의 여백에서 누군가가 쉼을 얻을 수 있고, 숨을 쉴 수 있으며, 안식할 수 있는 빈 공간을 내어 줄 수 있다면, 우리의 일생(삶과 신앙)이 더 나아가 우리 자신이 이웃에게 '안식일'일 것이기 때문이다.

요약하면, 예수의 삶, 바로 그의 일생이 안식일이었고 이제 우리 개개인의 삶 그리고 예배 공동체의 삶이 안식일이 되어야한다는 결론에 이르게 된다. 그러기에 예배 공동체는 창조(숨)와 구원(쉼)을 계속해서 기억하고 지키며 실천하는 시간과 장소여야 한다. 디지털 목회와 목회 돌봄의 필요성은 이러한 창조 사역(숨) 그리고 구원 사역(쉼)과 연결된다. 이렇듯 성서 곳곳에 기록된 '숨과 쉼'의 이야기들이 예배 공동체에 시사하는 바는 매우 크다. 예배 공동체가 바로 숨의 터전(숨터), 쉼의 터전(쉼터)이 되어야 할 때이다. 그리고 포스트 팬데믹 시대에 적합한 숨과 쉼을 기반으로 하는 디지털 목회와 목회 돌봄 패러다임의 엔진이 가동되어야 할 때다.

3부

디지털 '대면' 예배란??

포스트 팬데믹 시대의 디지털 패러다임 신학의 다섯 가지 특징들과 숨과 쉼을 지향하는 디지털 목회와 목회 돌봄의 패러다임은 필자가 앞으로 다루게 될, 디지털 예배와 자연스럽게 유기적으로 연결된다. 필자는 이제 여기서부터 '디지털 예배'를 '디지털 대면 예배'로 표현할 것이다.

'대면(facing)'이라는 단어가 암시하듯 필자가 추구하는 디지털 대면 예배는 온라인 공간에 실시간 방송(생방송) 예배를 송출하거나 혹은 이미 만들어진 예배 녹화 영상을 예배 공동체가 각자의 장소에서 시청하도록 하는 것이 아니다. 마치 영화관에서 영화를 보는 방식 혹은 집에서 드라마를 보는 방식의 온라인 예배는 필자가 생각하는 디지털 대면 예배라 할 수 없다. 디지털 대면 예배란 온라인 공간에 모든 회중이 참석해서 실제로 대면하고 인격적 친교와 교제를 나누는 방식을 말한다.

이러한 대면 방식이 가능한 온라인 공간들 중의 하나가 바로 줌

가변성, 혁신성, 유연성
공유성
유기적 연결성
편재성
전인적 예술성

⬇⬆

숨과 쉼

⬇⬆

목회와 목회돌봄
신학, 성서
예배, 설교, 음악, 성례전
교육
선교

(Zoom)이다. 줌(Zoom)은 여러 가지 기능적 한계가 있음에도 불구하고 모두가 함께 모여 디지털 대면 예배가 가능한 온라인 공간이다. 줌(Zoom)과 비슷한 기능을 제공해주는 온라인 공간이 있다면 그 공간은 언제든지 디지털 대면 예배가 가능한 온라인 공간이라고 필자는 말하고 싶다.

1. 디지털 예배 패러다임의 신학(theology)과 패러다임 안의 신학들(theologies), 형성(formation), 실행들(practices)

예배의 기본적인 개념을 되새겨보자. 예배는 크게 두 가지 요소로 형성된다. 하나는 'Remembering(기억함: Anamnesis)'이고 다른 하나는 'Anticipating(기대함: Prolepsis)'이다. '기억'은 과거를 회상하기 위함이 아니고 과거를 현재에 재현(reenacting)하기 위해 필요하다. 이를 시간적으로 말하면 '과거와 현재(past and present)'다.

'기대'는 선취(先取: taking first)다. 선취란 미리 갖는 것이다. 미래를 현재에서 미리 취해보는 것이라는 의미다(to take beforehand). 신학의 관점으로 설명하면, 이 기대는 종말론적 기대(eschatological expectation)이고 하나님 나라를 미리 희망함이다. 그래서 예배는 본질적으로 종말론적이다.[15] 예배는 종말론적 기대와 설렘 그리고 긍정의 희망과 소망의 이야기들로 가득 찬 사건이다. 이를 시간적으로 말하면 '미래와 현재(future and present)'다. 현재에서 과거와 현재에서 미래를 함께 경험하는 시간이 바로 예배의 시간이다.[16]

2. 예배: 과거-현재-미래의 동시 사건

예배 신학과 예배의 정의를 좀 더 확장하여 부연 설명하면, 하나님의 영원성과 인간의 유한성이 접속하는 시간이 예배의 시간이다. 무소부재(편재)하신 하나님과 제약과 제한이 있는 인간의 시공간들이 서로 유기적으로 연결되는 곳이 바로 예배의 장소/공간이다. 하늘과 땅이 연결되는 곳이 바로 예배이다. 성과 속이 편재하는 곳이 예배이다. 하나님의 열정(passion)과 인간의 고난(passion)의 이야기들이 만나 서로의 이야기를 공유하는 곳이 예배이다. 삼위일체 하나님이 설교와 찬양과 성찬과 기도 가운데 임재 하여서 예배 공동체와 다양하고 유연한 모습으로 대면하는 곳이 바로 예배이다. 예배는 예배 안의 예술들(the arts in worship), 예배의 기술/예술(the art of worshipping), 대중 예술로서의 예배(worship as public art), 그리고 예배와 예술들(worship and the arts)이 함께 퀼트(quilt)의 조각처럼 엮어지는 전인적 예술 그 자체이다.

그러므로 예배는 본질적으로 디지털 패러다임의 다섯 가지 특징들인 가변성(Variability)과 혁신성(Fluidity), 유연성(Flexibility), 공유성(Sharing with), 유기적 연결성(Organic Connectivity), 편재성(Ubiquity) 그리고 전인적 예술성(Holistic Artistry)을 가지고 있다. 그리고 이 특징들을 앞서 언급하였듯이 오감(five senses)처럼 예배 안에서 함께 살려내는 것이 바로 디지털 대면 예배의 고유한 특징들이라 할 수 있다.

디지털 대면 예배가 과거와 현재 그리고 미래를 동시에 경험하면서, 예를 들어 하나님이 과거에 무엇을 하셨는가?(What God has done in the past?), 하나님은 현재 무엇을 하시는가?(What God is doing in the present?) 그리고 하나님은 무엇을 하실 것인가?(What God will do for the future?)에 대한 이야기를 들으면서 정확한 예배의 방향성을 가지고 예배가 디자인 되어야 한다. 그것이 바로 Healing(치유), Reconciling(화해), Breathing(숨), Recovering(회복), and Transforming Together(함께 변화)이다. 필자가 모든 단어를 동사형 그리고 현재 진행형으로 쓴 이유는 언제 어디에서나 이 예배 경험이 예배 공동체 개인과 공동체에게 현재 사건으로 경험되어야 하기 때문이다.

필자는 이러한 디지털 대면 예배의 방향과 기본 구조가 디지털 패러다임의 다섯 가지 특징들과 잘 연결되어 디지털 대면 예배만의 특성을 잘 살려낼 수 있기를 기대한다. 1960년대에 예전 갱신이 일어났을 때 가장 괄목할 만한 성과는 초대 교회 예배의 구조를 재발견했다는 점이다. 초대 교회 예배의 4중 구조는 아래와 같다.

3. 디지털 대면 예배의 4중 구조

(1) 모임-(2) 말씀-(3) 성찬-(4) 보냄/흩어짐

(1) Gathering-(2) Word-(3) Table-(4) Sending Forth & Benediction

필자는 초대 교회 예배의 4중 구조가 현장 대면 예배의 구조라고 한다면, 디지털 대면 예배의 구조는 아래와 같이 형성되어야 한다고 제안한다. 이 4중 구조 제안은 필자의 견해다.

(1) 한 처음에(부르심 & 갱신)-(2) 숨(말씀/설교)-(3) 쉼(성찬)-(4) 새로운 시작/출발

(1) In the Beginning(Calling & Renewing)-(2) Pneuma-(3) Sabbath-(4)New Beginning

1) 한 처음에

우선 디지털 대면 예배는 현장 대면 예배와 같이 4중 구조를 형성

한다. 다만 위에서 설명한 바와 같이 〈숨과 쉼〉의 주제가 예배 안의 신학(theologies in worship)이 된다. 그리고 이 주제들은 예배의 구조들과 함께 디지털 패러다임의 다섯 가지 특징과 통전적(holistic)으로 엮어진다.

첫 번째 디지털 예배 구조인 '한 처음에(In the beginning)'는 현장 대면 예배의 '모임(Gathering)' 혹은 '예배로의 부르심(Call to Worship)'에 해당한다. '태초'가 물리학에 기초한 시간이라면 '한 처음에'는 의미로 가득찬 시간이다. 창세기 1장에 따르면 태초에 하나님께서 하늘들과 땅을 창조하셨을 때, 땅은 혼돈스럽고 공허하며 흑암이 깊음 위에 있었다. 이 표현을 '공동번역'의 번역대로 하면, "땅은 아직 모양을 갖추지 않았고 아무것도 생기지 않았는데(텅 비어 있었는데), 어둠이 깊은 물 위에 뒤덮여 있었다. 그리고 그 물 위에(수면 위에) 하나님의 영(바람 또는 강한 바람)이 움직이고 계셨다."다.

필자는 신학생 때 처음으로 히브리어를 배우면서 창세기 1장 1절을 읽었을 때의 감격을 지금도 기억하고 있다. תָּא / מִיַהֹלֱא / בֵרָא / תִישֵׁארְבּ / הָשָּׁמִּס / תֵאְו / הָאָרָה: (브리쉣트 / 바라 / 엘로힘/ 에트 / 하샤마임 / 버에트/ 하아레츠, In the beginning / created / God / the heavens / and / the earth) 하나님께서 / 태초에 / 하늘들과 땅을 / 창조하셨다는 이 웅장하고 경이로운 말씀 앞에 필자는 인간이 결코 이해할 수 없는 신비를 경험했다.

태초 / 하나님 / 천지 / 창조(무로부터의 창조 creatio ex nihilo) 라는 단어의 사전적 의미를 모르지는 않지만, 그 어느 것 하나 제대로 알 수 없는 신비로운 네 단어로 된 말씀 앞에 숙연해질 수밖에 없었다. 이 첫 문장은 이스라엘의 신앙이 거친 기나긴 사유와 경험의 과정을 요약한 것으로서, 인간이 결코 이해할 수 없는 신비를 드러내고 있다.

그런 의미에서 〈태초〉는 현대 물리학이 말하는 것처럼 우주가 생성된 120억 년 전이라고 단정할 수 없다. 태초가 언제인지 아는 사람은 아무도 없다. 성경을 기록한 저자도 우주 생성의 나이가 얼마나 되었는지 몰랐을 것이다.

성경은 하나님이 언제 하늘들과 땅을 창조하셨는가 보다는, 하나님께서 어떤 상황에서 무엇을 하셨는가에 관심을 가지고 있다. 그러므로 "In the beginning"은 현대 물리학에서 말하는 것처럼 120억 년 전일 수도 있겠으나, 그 의미를 좀 더 폭 넓게 적용할 필요가 있다. 사실 이 창세기는 이스라엘 사람들이 바벨론에서 포로생활을 할 때 기술된 것이다.

다시 말해, 그 태초가 우리의 삶과는 전혀 무관한 아득한 옛날만은 아니라는 말이다. 그래서 필자는 물리학에 기초한 시간을 의미하는 '태초'보다는 의미들로 가득 찬 시간을 뜻하는 '한 처음에'로 표현을 달리해본다. 그리고 이 해석은 공동번역과 가톨릭 성경의 번역이기도 하다. 개신교 성경은 이를 '태초에'라고 번역했다.

우리는 저마다의 '한 처음'이 있다. 이 땅에 태어났던 '한 처음', 처음으로 부모를 만났던 '한 처음', 친구를 사귀기 시작한 '한 처음', 사랑을 시작하던 '한 처음', 배우자를 만나 새로운 인생을 출발하던 '한 처음', 직장을 시작하던 '한 처음', 자녀를 가졌던 '한 처음', 사업을 시작한 '한 처음', 은퇴(retirement)가 시작된 '한 처음'이 있다. 그러므로 태초를 의미라는 '한 처음'은 과거가 아니다. 지금도 '한 처음'은 우리 삶에서 계속 경험되는 태초의 사건이다.

　다시 말하면, 창세기 1장 1절에서 말하고자 하는 '태초' 즉 '한 처음에'란, 이 세상에 있는 그 어떤 시작도 하나님과 무관한 것이 없다는 고백에 근거한다. 세상에 있는 모든 시작은 다 하나님과 함께 인 것이다. 그런 의미에서 우리의 삶은 하나님과 언제나 함께 새롭게 시작하는 '태초'의 사건, '한 처음에'다.

　창세기 분문 중 흥미로운 부분이 있는데 그것은 "저녁이 되며 아침이 되니 이는 첫째 날이니라.(there was evening, and there was morning-- the first day.)"다. 이 문장은 창세기 1장에서 첫째 날부터 여섯째 날까지 여섯 번 반복된다. 창세기에서 하루의 시작은 아침이 아니라 저녁이다. 저녁을 거쳐 어둠의 시간을 잘 견뎌낼 때, 비로소 아침을 맞이한다. 그렇게 해서 하루이다. 저녁은 나쁘고 아침은 좋은 것 아니다. 생명이란 저녁과 아침의 리듬 속에서 자란다. 지구는 자전을 하면서 태양과 멀어진다. 태양과 멀어지면 저녁이다. 태양과 가까워진다. 태양과 가까워지면 아침이다. 아침에는 일한다. 저녁에는 휴식을 취한다. 다시 말하면 우리가 경험하는 저녁과 아침은 의미 없이 주어진 시간이 아니라 하나님께서 우리에게 주신 은총의 선물이다.

　이런 맥락에서 디지털 대면 예배에서의 '모임(Gathering)' 혹은 '예배로의 부르심(Call to Worship)'은 '한 처음에'로부터 시작한다. 은총의 선물로 주어진 시간에 대한 감사, 우리의 삶을 갱신하도록 새롭게 부르시는 시간에 접속하는 것이 예배이다. 필자는 이 '한 처음에'라는 '예배로의 부르심'이 '숨과 쉼'의 주제 그리고 디지털 패러다임의 특징들과 잘 엮어져 디자인되기를 바란다. 그래서 예배 공동체가 디지털 대면 예배의 특성과 특징들을 깊이 경험할 수 있기를 기대한다.

2) 숨(Pneuma): 말씀(Word)과 설교(Preaching, Sermon, Proclamation=Communication)

디지털 대면 예배 주제를 〈숨과 쉼〉에 비추어보면 말씀과 설교는 '숨(생명의 호흡; 들숨과 날숨; 소통)'에 해당하는 부분이다. 에베소서(1:22-23) 말씀인 "머리되신 그리스도와 몸 된 교회"에 비추어 예배를 몸에 비유하면 설교는 허파라고 불리는 폐에 해당하는 부분이라고 할 수 있다. 그만큼 예배 형성(formation)과 실행들(practices)에서 중요한 부분이 말씀과 설교다. 폐 없이 생명이 살 수 없기 때문이다.

디지털 패러다임과 신학 그리고 예배에서 이미 언급한 가변성/혁신성/유연성, 공유성, 유기적 연결성, 편재성, 전인적 예술성은 또한 디지털화(digitalized)된 말씀과 설교의 특징들이고 디지털화(digitalized)된 설교자의 특징들이어야 하며 우리가 현재 경험하고 있는 포스트 팬데믹 상황에서의 디지털 화(digitalized) 된 환경(장소와 공간)의 특징이다. 필자는 이러한 관계를 삼위일체 구조로 생각해본다. 이 세 가지 특징은 상호의존하고 소통한다.

우리가 팬데믹 이전, 팬데믹을 겪고 있는 상황, 그리고 팬데믹 이후에도 위에서 언급한 '디지털화된 말씀과 설교, 설교자 그리고 환경(장소와 공간)'이 서로 조화를 이루어 이른바 디지털 세대, 디지털 세상과 제대로 숨을 쉴 수 있는 '소통'을 예배 공동체가 해 낼 수 있을 것인지가 우리가 현재 펜데믹과 포스트 펜데믹 상황에서 직면하고 있는 도전이자 극복해야할 '소통' 회복의 과제라고 필자는 생각한다.

양성구 박사의 강연 내용에 따르면, 현재 온라인 공간에서는 설교 전달의 다양한 소통 형식들이 진행되고 있다. 이를 형식별로 범주화 해본다면 첫째, 강의 형식, 둘째, 대화 형식, 셋째, 인터뷰 형식, 넷째, 리포터/다큐 형식, 다섯째, Zoom/Chat 형식, 여섯째, 록 콘서트 형식, 일곱째, 영화(movie) 형식 등으로 구별해 볼 수 있다.[17] 형식으로 따지면 이 외에도 다양한 형식들이 많을 것이다. 그리고 형식을 서로 병행하여 설교를 전달하는 하이브리드(hybrid) 방식도 있다. 이러한 다양한 형식들은 온라인 설교가 현재 온라인 공간에서 만나는 청중들과 어떤 형식과 방법으로 소통하고 있는지를 가늠해보는 계기가 된다.

이제 예배 공동체의 과제는 예배 공동체가 어떻게 소통을 회복하고 관계를 회복하며, 자기의 숨을 제대로 호흡하고 동시에 남의 숨도 제대로 쉴 수 있도록 소통하는 예배 공동체가 될 것인가와 연결된다. 신과 인간, 인간과 인간, 인간과 자연의 관계 회복이 바로 이 숨, 즉 커뮤니케이션(소통)의 시간에 경험되어야 하는 것이다.

설교와 설교자의 관점에서 보면, 설교는 무엇을 어떻게 전할 것인지를 묻는 것이 근본적인 질문이 아니라(What & How) 설교자 자신은 누구이고 설교자는 왜 이 말씀을 전해야 하는가(Who & Why)를 묻는 것이 근본적인 질문이어야 하고, 바로 이 근본적인 질문 속에서 설교자는 말씀과 분리되지 않고 말씀과 하나가 되는 존재임을 성찰하는 것이다. 다시 말해 설교자는 전문 주석과 참고 자료를 통해 준비한 말씀의 지식과 정보를 청중에게 전달하는 말씀과 분리된 객체가 아니라, 설교자 자신, 보다 큰 의미에서 설교자의 삶 전체가 말씀을 해석하는 주석이 되어야 하고 번역이 되는 주체가 되어야 한다는 것이 필자의 견해다. 이럴 때 비로소 전인적 혹은 통전적 설교 혹은 가변, 혁신, 편재, 공유, 유기적 연결, 전인적 예술의 특성을 통합하는 커뮤니케이션이 설교를 매개로 가능하다는 사실을 강조하고 싶다.

디지털 대면 설교는 제 3의 공간을 찾아가고 만들어가고 제 3의 공간이 되어가는 과정의 연속이다. 다시 말하자면 숨을 쉴 수 있는 시간과 공간을 형성(forming)해 가고, 숨 쉴 수 있는 시간과 공간으로 변혁(transforming)해 가는 것이다. 이런 측면에서 제 3의 공간 이론은 참으로 매력적인 개념이다. 인도 출신의 미국 철학자이자 사회학자이며 문화비평가인 호미 바바(Homi K. Bhabha, 1949 -)가 언급한 자아/타자, 주인/노예, 1세계/3세계, 자국문화/타문화 간의 구분이 아니라 지배와 피지배의 이분법을 넘어서는 '제 3의 공간', '경계선', '사이 - 내 공간(in - between space)'의 개념은 소통이 이루어지는 제 3의 숨 쉴 수 있는 공간 형성을 예배 공동체가 숙고하는 데 큰 도움이 된다.

3) 쉼(Sabbath), 성찬(Lord's Supper, Holy communion, Eucharist)

필자가 디지털 대면 예배에서 가장 기대하는 부분은 온라인 성찬식이다. 소위 디지털 대면 성찬식이라 할 수 있겠다. 현장 대면 예배와는 달리 디지털 대면 예배에는 숨(말씀)과 쉼(성찬)의 예배 구조 안에서 반드시 성찬식이 있어야 한다. 생명의 숨을 호흡한 이는 음식의 공급을 통해 힘을 얻어야 한다. 예수가 베풀어주시는 음식을 함께 먹고 마신다는 것은 고단한 삶에서 쉼을 갖는 시간이다.

(1) 팬데믹 시대에 성찬이 교회 공간에서 삶(일상)의 공간으로 확장되다.

팬데믹 동안 성찬식은 교회의 공간에서 삶의 공간, 일상의 공간으로 확장되었다. 포스트 팬데믹 시대에도 마찬가지일 것이다. 필자는 디지털 대면 예배의 성찬이야 말로 "예배가 삶으로, 삶이 예배로"를 서로 연결시켜주고 예배 안에 삶(일상)이, 삶(일상) 안에 예배가 공존하는 특징을 경험하게 해 준다고 생각한다. 이제는 같은 현장에서 같은 빵을 먹고 같은 잔을 나누어야 만 성찬식이 가능한 것이 아니라, 시간과 공간이 서로 다르더라도, 현장이든 온라인이든 상관없이 주의 몸과 보혈을 '함께 먹고 함께 마시는 것' 또한 성찬식임을 포스트 팬데믹 상황에서 우리는 새롭게 경험하고 있다.

현장 대면 예배가 다시 있을 때까지 어쩔 수 없는 상황에서 당분간 온라인 성찬식을 갖는 것이 아니라, 디지털 대면 예배에서만 경험할 수 있는 성찬식을 디자인해보시는 것은 어떨까? 필자는 교회가 각 가정에 가정용 혹은 개인용 성찬기 세트를 혹은 일터에서 개인이 사용할 수 있는 개인용 성찬기 세트를 선물할 수 있다면, 그 선물이 바로 디지털 목회와 목회 돌봄이며 디지털 대면 성찬식의 시작이라고 생각한다. 아래의 사진들은 각 가정에서 준비한 온라인 성찬식 개인용 혹은 가족용 도자기 성찬기와 한국 전통 식탁보다.

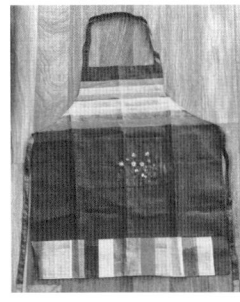

(2) 온라인 성찬식에서 스톨(stole)과 가운(gown) 대신 앞치마(apron) 사용에 대해

성찬식에서 집례자는 보통 스톨과 가운을 입는다. 가운을 입지 않을 때는 스톨 만 목에 거치기도 한다. 그리고 전통으로부터 비교적 자유로운 예배 공동체에서는 집례자가 스톨과 가운을 착용하지 않고 집례하기도 한다. 성찬에서 스톨과 가운은 권위의 상징이라기보다는 성찬식의 주제와 절기에 어울리는 스톨과 가운을 집례자가 효과적으로

착용함으로써 하나님의 보이지 않는 은혜를 가시적 즉 보이는 은혜로 표현하는 예배의 시각 예술들 안의 한 부분이다.

결과적으로 집례자 자신도 예술의 한 부분으로 하나님의 은총과 사랑을 그리고 성찬의 의미를 표현하는 매개가 된다. 2020년 9월부터 10월까지 필자가 예배와 설교 그리고 질적 연구를 가르치며 실천신학 교수로 재직 중인 미국 클레어몬트 신학대학원 주관으로 열린 온라인 예배 콘퍼런스 2020[18]에서 시연했던 "온라인 성찬식 함께 경험하기"에서 필자는 특별히 성직자 가운 위에 앞치마를 입었다. 가운을 입지 않는 것이 더 좋았겠지만, 가운을 입고 집례 하는 것에 익숙한 예배 콘퍼런스에 참여했던 한국의 참여자들을 위한 배려로 하얀색 가운을 입었다. 그리고 스톨 대신 앞치마를 입었다.

필자가 집례 한 '숨과 쉼'을 주제로 한 성찬식 전 설교 말씀은 '시편 23편'과 '마태복음 11:28'을 설교한 것을 전제로 진행되었다. 특히 시편 23:5의 "주께서 내 원수의 목전에서 내게 상을 차려 주시고 기름을 내 머리에 부으셨으니 내 잔이 넘치나이다"는 시인이 하나님의 모성애와 부성애의 특징을 가장 잘 표현 한 부분이라 할 수 있었다. 이 모성애와 부성애 표현을 시각적으로 잘 표현하기 위해 스톨 대신 앞치마를 사용해보았다. 필자에게 있어서 앞치마는 어머니를 생각하게 하고 아내를 생각하게 하고 교회 주방에서 수고하신 분들을 기억하게 하였다. 그리고 이 땅의 모든 어머니들을 생각나게 하였다. 그리고 앞치마는 2019년 2월에 돌아가신 아버지를 회상하게 하였다. 이 땅에 앞치마를 두르고 일 하시는 모든 아버지들을 기억하게 하였다.

앞치마를 두르시고 우리에게 상을 베풀어 주시는 하나님을 가장 잘 표현 하는 방법으로 필자는 앞치마를 두르고 성찬을 집례 하였다. 중요한 것은 집례자가 성찬식에서 무엇을 입어야 하고 어떻게 입어야하는가에 대해 질문을 하기에 앞서 오늘 경험되어야 할 성찬식의 주제가 무엇이고 설교와 성찬이 어떤 주제와 목적을 가지고 일관성과 통일성을 가질 것인지를 먼저 묻는 것이 순서가 되어야 한다. 만약 필자가 어느 주일 다른 주제로 설교를 했다면 그 날은 성찬식에서 앞치마를 입지 않았을 것이다.

(3) 디지털 대면 예배를 위해 디자인 한, 온라인 성찬 제정사의 예

필자는 세대 간 통합과 현장 대면, 디지털 대면, 과거와 현재 그리고 미래가 공존하고 상호 의존의 관계로 연결되는 특성들을 살려내기 위한 디지털 대면 예배를 위한 성찬 제정사를 직접 디자인해보았다. 독자들도 직접 시청이 가능하도록 아래에 유튜브 주소를 소개한다.

디지털 대면 성찬식의 특성을 살린 성찬 제정사의 예(동영상):
https://youtu.be/VgP8zX9YW2I

간략하게 소개하면, '빵(떡) 제정사'는 중학생, 초등학생, 유치부 여자 어린이들이 파트를 나누어 각각 읽었고, '잔 제정사'부터 "주님 다시 오실 때까지, 그의 다시 오심을 선포하며, 이 떡과 잔을 나누며 살아가겠다"라고 고백하는 부분은 할아버지가 '판소리'로 제정사를 불렀다. 제정사 퍼포먼스(performance)는 안수 받은 40대 후반의 목회자인 필자가 담당했다.

이는 앞서 언급한 디지털 대면 예배, 설교, 그리고 성찬식의 특징인 "혁신성/가변성/유연성, 공유성, 유기적 연결성, 편재성, 전인적 예술성"이 경험되도록 각각의 특징들을 표현해보려고 노력한 결과물이다. 이 성찬 제정사에는 시간적으로 과거(녹화본)와 현재(현재 성찬에 참여는 회중들) 그리고 미래(미래에 대한 신앙 고백)가 공존하고 연결된다.

또한 녹음과 영상은 세대와 세대를 서로 연결하고 공존한다. 제정사 자체가 '과거의 기억에 대한 현재의 재현(Anamnesis: remembrance)', 그리고 '미래의 사건에 대한 현재의 기대/소: 미리 봄(Prolepsis: to take beforehand)'을 기반으로 하기 때문에 이러한 제정사 본래의 디지털 예배 신학의 특징들을 최대한 예술적으로 표현해보려 했다.

디지털 대면 성찬식은 바로 이러한 특징들을 잘 살려 낼 수 있는 예배여야 한다. 과격하게 말하면 이제 현장 대면 예배 형성과 실행들의 특징으로 부터 '탈출'하여 디지털 대면 예배의 신학(theology), 예배 형성(formation)과 예배 실행들(practices)을 준비해야 할 때다. 앞서 언급했듯이, 현장 대면 예배는 현장의 물리적 특징들을 잘 살려, 현장 대면 예배답게 디자인하고, 디지털 대면 예배는 디지털의 특성을 잘 살려, 디지털 대면 예배답게 디자인 하자는 것이 예배학자로서의 필자의 소견이다.

아직은 우리가 하이브리드 패러다임 안에 있기 때문에 디지털 패러다임으로 한걸음 더 나아가기 위한 과도기이다. 서로 엉켜있고, 얽혀있고, 디지털 대면 예배가 현장 대면 예배의 디지털 서비스를 위한 보조 수단에 가까운 상황이다. 그러나 필자가 언급한 디지털 대면 예배의 특징과 관점을 가지고 서로 고유한 특징이 있는 현장 대면 예배와 디지털 대면 예배가 한 예배 공동체 안에서 상호 공존할 수 있기를 바란다. 서로 유기적으로 연결되며 편재하고, 물처럼 유연하고 가변적이고 혁신적이기를 기대한다. 그리고 우리에게 가장 자연스러운 전인적 예술의 특징들이 회복될 수 있기를 소망한다. 포스트 팬데믹 시대에는 특히 더 그렇다.

(4) 성찬을 배부르게 먹을 수 있을까?

결론부터 말하면 배부르게 먹을 수 있다. 성찬과 애찬(agape meal)을 함께 하면 성찬식과 애찬식에서 배부르게 먹고 마실 수 있다. 이는 초대 교회 전통이요 성찬의 본질이다. 모두가 차별하거나 차별 받지 않고 배부르게 먹을 수 있는 세상, 모두가 서로 존중하며 눈치 안보고 먹고 마실 수 있는 세상, 소수가 음식과 음료를 독점하지 않고 서로 공유하고 나누는 세상, 모두가 함께 배부른 세상을 만들라고 식탁의 주인이신 예수는 우리를 오늘도 내일도 계속해서 성찬으로 초대한다. 그러므로 성찬은 상징과 의미가 아니라 '삶'이고 '일상'이다.[19]

성찬에서 배부르게 먹고 마신 사람들이 비로소 힘을 내어 삶을 예배로, 예배를 삶으로 살아낼 수 있다. 일상에서 성찬의 삶을 살아내는 것이 예배다. 생명의 말씀으로 호흡을 시작한 이들은 음식의 공급을 받아야 건강하게 성장하고 회복될 수 있다. 그래서 앞서 강조했듯이 디지털 대면 예배에는 구조적으로 '말씀의 숨'과 '성찬의 쉼'이 함께 해야 한다.

아래에 있는 세 개의 사진들은 온라인 예배 콘퍼런스 2020 마지막 예배 실연, 온라인 성찬 중 서로 함께 배부르게 먹고 삼위일체 하나님께 감사하고 우리가 일상에서 해야 할 일들을 기억하고 기대하는 성찬과 애찬을 나누는 모습이다.

그 중 하나는 온라인 성찬 중 소그룹 식사를 하면서 준비한 음식의 의미와 함께 그 식사가 어떤 의미에서 '숨과 쉼'을 주는지 식사를 하면

서 나누는 시간을 예배 콘퍼런스 참석자 중 한 명이 '돼지 김치 찌게'에 얽힌 사연을 나누며 이민자의 고단한 삶에 숨과 쉼을 주는 고향의 음식, 고국의 음식을 설명하고 있다.

또 하나의 사진은 온라인 성찬 중 가족 식사를 하는 모습이다. 멀리 떨어져 사는 가족들이 온라인에서 '함께' 식사하면서 정을 나눌 수 있는 가능성을 경험해보았다. 이는 성찬의 본래적 의미인 친교와 교제(코이노니아와 만찬의 의미)를 깊이 체험해보는 계기가 되었다.

마지막으로 아래의 사진은 소그룹으로 나뉘어 식사를 배부르게 한

다음 대그룹으로 모여 성찬의 의미를 나누며 다함께 축배를 들었던 모습이다.

성찬을 왜 해야 하고 성찬을 기억하고 실행하는 우리는 누구인지에 대한 그리스도인으로서의 정체성을 끊임없이 질문하고 비판적으로 성찰하고 실천하면서 배부름의 성찬식과 애찬식을 포스트 팬데믹 상황에서 우리 예배 공동체가 디지털 대면 예배를 통해 체험해 볼 수 있기를 기대해본다.

특별히 한국 개신교와 한인 이민교회 공동 식사는 참으로 좋은 애찬의 전통이다. 필자는 2019년 현장 대면 예배 콘퍼런스와 2020년 올해 온라인 예배 콘퍼런스에서 축도 전에 성찬과 애찬을 함께함으로 애찬이 예배의 한 부분임을 성찰하고 체험하는 시간을 가졌다. 과감하게 애찬까지 마친 후 축도를 하거나, 혹은 애찬 전 축도를 의도적으로 예배가 끝난 것처럼 하지 않음으로써 애찬으로 예배가 계속 이어짐을 상기시키는 목적과 경험이 있었다. 축도를 마치면 예배가 끝난 줄 알고 식사를 하지 않고 교회를 떠나는 이들이 있는데, 이는 예배와 친교 혹은 공동체 식사가 축도를 전후로 분리되기 때문이다. 이를 극복해보려는 노력을 예배 공동체가 디지털 대면 성찬식에서 시도해 볼 수 있기를 필자는 제안한다.

(5) 디지털 대면 성찬식에서 성찬 음식과 성찬기 사용에 관하여

디지털 대면 성찬식에서 성찬 음식은 차별이 없어야 한다. 집례자가 준비한 성찬 음식과 음료를 포함하여 각 가정과 일터에서 준비한 성찬

을 위해 마련한 음료는 포도주와 포도주스 대신 식수를 포함하여 그에 상응하는 토착 음료를 각 가정에서 준비할 수 있다. 성찬용 떡과 빵 대신 밥과 머핀 혹은 쿠키/비스킷을 포함하여 그에 상응하는 토착 음식으로 대체할 수 있다. 일상의 음료와 음식도 성찬용 음료와 음식이 될 수 있다. 예배 참여자가 현재 있는 장소에서 쉽게 구할 수 있는 음료와 음식도 모두 성찬이 될 수 있다. 일상의 음료와 음식은 모두 성찬식이 진행되는 가운데 성령 임재의 기원(invocation)인 에피클레시스(Epiclesis)를 통해 성화(consecrated) 되기 때문이다. 속이 성이 되는 과정은 우리 스스로 할 수 없다. 성령의 능력이 그것을 가능케 하는 신비로운 과정이다.

헬라어 성경 27권이 정경으로 공의회에서 공식적으로 채택되기 이전에 초대 교회에서 중요한 역할을 했던 열두 사도들의 가르침을 의미하는 책, 디다케(Didache)는 엄격한 교육과 경건의 훈련 내용들이 적혀 있지만 한편으로 매우 유연하고 융통성 있는 내용들도 함께 들어있다. 예를 들어 세례를 베풀 때, 물이 너무 차가우면 찬물 대신 더운물을 사용하라든지 혹은 살아있는 물, 즉 흐르는 물이 없으면 다른 물, 즉 고인 물을 사용해도 된다고 가르친 부분은 초대 교회 당시 성례전 규정에서의 유연성을 엿볼 수 있는 대목이다.[20]

또한 성찬식에서 대감사 기도(Great Prayer of Thanksgiving: Eucharist)의 기원이 되는 히뽈리뚜스(Hippolytus of Rome)의 사도전승(Apostolic Tradition)에는 성찬식에서 떡과 포도주에 더하여 젖(우유)과 꿀, 물을 함께 성찬 음료로 사용함으로써 젖(우유)과 꿀은 가나안 땅(오늘날 하나님

나라)으로 인도하시는 하나님의 신실하심과 약속 그리고 물은 십자가 상에서 예수의 옆구리에서 쏟아진 물과 피, 즉 고난과 구원을 상징하였다.[21] 이 또한 어떤 신학과 신앙이 예전에 반영되느냐에 따른 성찬 음식 선택의 유연성을 교부 시대에 보여주는 대목이다.

또 하나의 예는 분병과 분잔을 할 때, 집례자가 하는 말 표현의 유연성이다. 대체적으로 한국 개신교 예배 공동체는 "이 떡은 그리스도께서 우리에게 주시는 몸입니다. 혹은 그리스도의 몸입니다." "이 잔은 그리스도께서 우리의 구원을 위하여 흘리신 피 입니다. 혹은 그리스도의 피 입니다." 라는 표현에 익숙해져 있다. 그러나 성공회(Episcopal Church)에서는 오랫동안 그리스도의 몸(The Body of Christ)을 하늘(천상)의 빵/떡(The Bread of Heaven) 그리고 그리스도의 피(The Blood of Christ)를 구원의 잔(The Cup of Salvation)으로 분병과 분잔 순서에서 말로 표현해왔다.[22]

"하늘(천상)의 떡입니다."
"구원의 잔입니다."

이러한 표현의 다양성과 유연성은 모두 성서에 있는 이야기들에 기반을 둔다. 또 다른 성례전 실행들의 유연성에 관한 예는 성서 그 자체에 있다. 오늘 날 예배 공동체가 알고 있는 성례전의 신학들과 신앙들은 모두 어느 한 초대 교회에서 비롯된 것이 아니다. 초대 교회 당시, 많은 개별 교회들의 독특한 성례전의 실행들과 신앙 및 신학들을 수집하여 분석하고 해석하여 집대성한 1960년대부터 시작한 예배와 예전 갱신 운동의 결과물이다. 이 결과물을 수용한 세계 도처의 교단들과 교회들의 의견을 수렴하여 정리한 내용들이 바로 오늘날 성례전의 신학과 신앙이다.[23] 그럼에도 불구하고 여전히 성례전 신학과 신앙의 모든 내용들을 수용하는 교회들이 있고 그렇지 않은 교회들이 존재한다. 마틴 루터(Martin Luther), 울리히 츠빙글리(Ulrich Zwingli), 존 칼빈(장 칼뱅 John Calvin), 존 웨슬리(John Wesley), 토마스 크랜머(Thomas Cranmer) 등 각 지역의 종교 개혁가들의 성례전의 신학/신앙과 아울러 당시 로마 가톨릭의 성례전 신학과 신앙이 다채로웠던 것처럼 말이다. 그러므로 필자는 이를 성례전의 무지개 신학과 신앙이라고 말하고 싶다. 다양한 색깔과 색채, 색감 다시 말해 다양한 방식의 다면적이고 다차원적인 디지털 대면 성례전을 예배 공동체가 실행해 볼 것을 제안하고 싶다.[24]

요약하면, 예수는 주의 만찬을 반드시 포도주 혹은 포도주스와 빵 혹은 떡으로 해야 한다고 규정한바가 없다. 마가복음 7:15-24에서 예수는 사람의 밖에서 안으로 들어가는 것보다 사람의 안에서 밖으로 나오는 것이 오히려 사람을 더럽게 한다고 일갈함으로써 히브리어 성서의 음식에 관한 규정들과 정결법을 재해석했다. 필자는 이런 관점에서 성찬 음식에 어떠한 차별도 없어야 한다는 견해다. 각 가정과 일터에서 사용하는 성찬기의 종류도 같은 관점에서 동일한 견해다.

독자들에게 작은 도움이 되기를 희망하는 마음으로 필자가 디지털 대면 성찬식의 예로 2020년 예배 콘퍼런스에서 시연했던 '온라인 성찬식 함께 경험하기' 전체 영상 유튜브 주소와 '온라인 성찬식 예전 자료'를 부록으로 공유한다.[25]

4) 새로운 시작

디지털 대면 예배의 마지막 구조는 '새로운 시작(new beginning)'이다. 예배를 삶에서 다시 시작한다는 의미이다. 그래서 '예배를 펼치면 삶, 삶을 접으면 예배'가 되는 의미를 이 구조에서 디자인하는 것이다. '파송의 말씀, 찬양, 축복의 기도' 모두 예배 공동체가 각자의 삶에서 새로운 예배를 시작하고 예배를 일상에서 번역해낼 수 있도록 도와야한다.

2020년 10월 31일은 종교개혁 503주년이 되는 해였다. 1517년 종교개혁 당시 그리스도인들의 정체성(identity)은 프로테스탄트(protectant)이었다. 프로테스탄트는 프로테스트(protest) 즉, "저항하다, 불복종하다, 이의를 제기하다, 항의하다"라는 동사로부터 기원한다. 그러므로 사전의 정의에 기반해 생각할 때, 그리스도인들은 본질적으로 저항하는 사람들이다. 이의를 제기하는 사람들이다. 불복종하고 항의하는 사람들이다. 무엇에 불복종 해야 할까? 프로테스탄트 공동체로서 예배 공동체는 독점에 불복종하고 나눔을 지향해야한다. 증오와 혐오를 저항하고 사랑, 용서, 연민을 실천해야한다. 분열에 이의를 제기하고 일치와 연합으로 나아가야한다. 전쟁과 테러, 휴전에 항의하고 정전과 평화를 위해 일해야 한다. 부정과 부패에 저항하고 정의와 정직, 성실함을 실천해야 한다. 차별에 이의를 제기하고 평등을 실현해야한다. 소유와 채움에 불복종하고 절제와 비움을 추구해야한다.

필자는 이러한 삶의 이야기가 예배의 이야기이고 예배의 이야기가 삶의 이야기로 번역되어야 된다고 생각한다. 이는 히브리어 성서에 나오는 미가 선지자의 선포(proclamation)이기도 하다.

"사람아 주께서 선한 것이 무엇임을 네게 보이셨나니 여호와께서 네게 구하시는 것은 오직 정의를 행하며 인자를 사랑하며 겸손하게 네 하나님과 함께 행하는 것이 아니냐"(미가서 6:8)

그러므로 삶과 예배는 분리될 수 없고 서로 연결되어있으며, 예배의 끝은 말 그대로 끝이 아니라 새로운 삶과 예배의 시작인 것이다. 삶에서 코로나가 멈추게 한 산업화 문명의 이야기들을 복음의 이야기로 치유하고(healing), 개혁하고(reforming), 변혁하며(transforming) 살아가는 이들이 바로 그리스도인들이다. 필자는 아래에 코로나가 멈추게 한 이야기들 중 어떤 이야기들을 복음의 이야기들로 예배 공동체가 바꾸어내어야 하는지를 필자 나름대로 숙고하여 열거해보았다.

이 이야기들은 모두 숨과 숨의 이야기들을 주제로 한, 디지털 대면 예배를 위한 26개의 소주제들이 될 수 있다. 이 소주제들은 일 년을 기준으로 2주에 한 번씩 디자인 할 수 있고, 2년을 기준으로 1년에 12-13번씩, 다시 말해 한 달에 한번 디지털 대면 예배를 기획해볼 수도 있다. 아직 준비가 어려운 예배 공동체는 4년을 기준으로 일 년에 6-7회씩 즉, 2개월에 한 번씩 디지털 대면 예배를 디자인해볼 수도 있을 것이다. 그 이상도 가능하다. 1년에 한 번이면 어떠랴.

매해 개최하고 있는 클레어몬트 신학대학원 주관 예배 컨퍼런스는 준비 위원들과 필자가 1년 동안 함께 열심히 준비한다. 그리고 1년 동안 준비한 예배 컨퍼런스의 예배들을 다시 컨퍼런스 참석자들과 함께 준비하면서 예배가 정말 꽃들과 같이 피어남을 매 해 체험하고 있다. 특히 이번 디지털 대면 예배의 실연은 감동 그 자체였다. 필자는 '예배를 준비하는 모든 과정도 예배'라고 생각한다. 충분한 시간을 가지고 디지털 대면 예배를 예배 공동체가 함께 준비한다면 예배에서 꽃들이 피어났다고 표현하는 필자의 경험을 독자들도 동일하게 경험할 수 있을 것이다.

디지털 대면 예배의 4중 구조와 디지털 대면 예배의 특징들을 적용하여 아래의 소주제들마다 일관성과 통일성을 가지고 디지털 대면 예배를 디자인 해보기를 제안한다. 예배와 삶이 아래에서 언급한 이야기들로 펼쳐질 수 있기를 희망한다.

    a. 가짐(독점)에서 나눔(공유)의 이야기

    b. 영웅에서 민중의 이야기

    c. 부정에서 긍정의 이야기

    d. 가득함에서 텅 빔의 이야기

    e. 높아짐에서 낮아짐의 이야기

    f. 죽임에서 살림의 이야기(숨)

    g. 고단함에서 회복의 이야기(쉼)

    h. 억압과 속박에서 해방의 이야기

    i. 주류에서 비주류의 이야기

    j. 다스림에서 섬김의 이야기

    k. 단절에서 소통의 이야기

    l. 막힘에서 열림의 이야기

m. 무거움에서 가벼움의 이야기

n. 절망에서 희망(소망)의 이야기

o. 소유에서 존재의 이야기

p. 인간 중심에서 생태 중심의 이야기(산업화 문명에서 생태 문명의 이야기)

q. 차별에서 존중의 이야기

r. 증오에서 연민, 사랑, 용서의 이야기

s. 분심에서 일심의 이야기

t. 혐오와 배타에서 환대와 상호의존의 이야기

u. 분주함에서 여유의 이야기

v. 강함에서 약함에 대한 이야기

w. 멈춤에서 흐름에 대한 이야기

x. 딱딱함에서 부드러움에 대한 이야기

y. 쥠에서 폄의 이야기

z. 차별에서 평등의 이야기

필자는 가부장, 위계, 이데올로기-군사, 자본, 샤머니즘(기복 신앙)의 이야기들로부터 위에 제시한 26개의 이야기들을 통해 예배와 삶이 탈출할 수 있기를 바란다.[26] 무엇보다도 산업화 문명에서 생태 문명으로의 패러다임 전환을 시도하는 지금보다 더 많은 '녹색/에메랄드(Emerald)' 예배 공동체들의 등장을 고대한다. 그리고 이 예배 공동체들이 디자인 하는 디지털 대면 '초록' 예배에서 들려지게 될 풍성한 창조 세계 보전과 생태 관련 이야기들을 기대한다. 필자가 생각하는 생태문명과 관련된 이야기들은 다음과 같다. 재사용(reusing) 이야기, 재활용(recycling) 이야기, 줄이는(reducing) 이야기, 재생(renewing) 이야기, 재형성과 재변형(reforming & transforming) 이야기다.

혹은 시와 함께 하는 디지털 대면 예배를 예배 공동체가 디자인 해보는 것은 어떨까? 인간이 만든 문명이 시를 잊어버리고 시인의 감수성을 잃어버린 결과가 현재 경험하고 있는 펜데믹 상황이라면 인간의 문명에서 시와 시인의 생태적 혹은 모성적 감수성을 회복할 때다.

결론적으로 새로운 삶과 예배의 이야기를 경험하고 그 이야기를 일상의 삶으로 번역하고 펼쳐갈 수 있도록 기억하고 기대(희망)하며 실천할 수 있는 예배, 다시 말해 새로운 시작을 반복해서 경험할 수 있는 디지털 대면 예배의 마지막 구조인 '새로운 시작(new beginning)'을 예배 공동체가 함께 디자인해볼 수 있기를 제안한다.

4부
줌(Zoom)을 이용한
구체적인 디지털 대면 예배 활용법

이제 여기서부터는 디지털 대면 예배 활용법에 대하여 필자가 경험한 몇 가지 실례를 독자들에게 소개하려 한다. 이를 통해 예배 공동체가 실제로 디지털 패러다임의 다섯 가지 특징들에 기반을 둔 디지털 대면 예배를 디자인 해 볼 수 있기를 돕고자 함이다. 필자가 디지털 대면 예배를 실제로 디자인하며 경험해 보았던 온라인 공간은 줌(Zoom) 이다. https://zoom.us 에서 쉽게 무료 프로그램을 다운로드 받을 수 있다.

필자가 관찰하고 있는 바로는 줌(Zoom) 기능이 계속해서 향상되고 있고, 지속적인 업그레이드를 통해 보다 나은 사용자 편의를 위한 대면 화상공간으로 변화해가고 있는 중이다. 그래서 줌 기능에 대한 지식과 정보를 축적하면 축적 할수록 그리고 줌 사용법에 보다 익숙해지면 익숙해질수록 필자가 위에서 언급한 디지털 대면 예배의 다섯 가지 특징들을 훨씬 더 다감각 적으로 예배 공동체가 경험할 수 있을 것으로 생각한다.

1. 디지털 목회 돌봄의 새로운 영역

웨비나 형식이 아니라 인격적 교제를 지향하는 디지털 대면 예배는 예배의 출발이 미리 만나서 온라인 상황을 점검하고 오디오, 비디오 세팅, 각자의 장비들을 확인하고 숙지하는 과정으로부터 시작한다. 이러한 준비 과정은 앞서 언급하였던 공동체가 실제로 느끼는 감정들인 막연함, 답답함, 불안감, 거리낌, 주저함, 소외감, 박탈감, 불만족, 섭섭함 등의 복합적인 감정들을 해소시킬 수 있는 소통의 과정이 된다.

이를 위해 교회는 최소한 6개월 이상 혹은 1년까지는 회중들과 디지털 대면 예배를 드릴 수 있는 환경을 계속해서 구축하고 발전시키는 교육 과정이 필요하다. 이는 어느 누구도 소외를 느껴서는 안 되기 때문이다. 심지어 새 신자 교육 과정에도 이 부분이 반영되어야 할지도 모르겠다. 어느 누구도 가보지 않은 길이기에, 이 길을 예배 공동체가 함께 걸어가는 과정이 무엇보다도 중요하다.

필자도 2020년 9월부터 10월까지 55명의 참여자들과 온라인 예배 콘퍼런스를 진행하면서 참여자들과 콘퍼런스 전 3회에 거쳐 사전 모임을 진행했다. 목적은 위에 언급한 것처럼 참여자와의 소통과 돌봄이 이유였다. 일명 '미리 배우는 줌 교실'에서 줌의 특징과 줌 사용의 여러 가지 구체적인 정보와 지식을 서로 공유하는 가운데 참석자들 중 막연함과 답답함이 해소되는 경험을 하는 분들이 있었다. 요약하면,

인격적 교제를 추구하는 디지털 대면 예배의 패러다임에서는 디지털 대면 예배를 구축하는 모든 과정 또한 '예배의 과정'임을 인식하는 것이다.

심지어 장비가 없는 교우들에게는 이어폰, 헤드폰, USB 마이크, 인터넷 케이블, 모뎀, 웹 카메라 등등을 교회가 회중들에게 지원하는 일, 초고속 인터넷 서비스를 지원해주는 일 혹은 그 이상의 장비들을 각 가정에 지원해주는 일 또한 디지털 목회와 목회 돌봄 사역의 일부임을 생각해보아야 할 때다.

이미 온라인 성찬 부분에서 제안한 것처럼, 온라인 성찬식에 대해서도 긍정적이라면 개인 성찬기와 가족용 성찬기를 각 가정에 선물하는 것 또한 디지털 목회와 목회 돌봄 사역의 일부라고 필자는 생각한다. 디지털 대면 예배에 대한 맞춤형 눈높이 사전 교육은 초급반, 중급반, 고급반처럼 많으면 많을수록 좋다. 이 교육 과정에서 '고급반'은 자연스럽게 디지털 대면 예배를 함께 준비하는 디지털 대면 예배 준비 팀원들이 될 수 있다. 이 고급반원들은 회를 거듭 할수록 점점 늘어나게 될 것이다.

이 교육 과정에서 회중들은 서로 친교를 나누며 가보지 않은 길을 함께 걸어가는 친밀감이 형성된다. 숨과 쉼의 목적지에 도달하기 위해 지도와 장비를 제공하는 교회의 목회 돌봄에 예배 공동체는 숨과 쉼을 경험하게 되지 않을까?

2. 디지털 대면 예배 직후 디지털 친교와 교제 및 목회 돌봄 가능성

필자는 2020년 9월부터 10월까지 5회에 거쳐 온라인 예배 콘퍼런스를 진행하면서 1시간 30분의 정기 모임을 매 회 마치고, 누구나 자유롭게 참여할 수 있는 시간으로 뒤풀이 시간을 마련해보았다. 뒤풀이는 시간 약속이 있는 참석자들은 편하게 퇴장하고, 대화가 더 필요하신 참석자들은 더 시간을 가질 수 있는 공간이었다. 많은 참석자들이 편하게 대화를 나누고 친교와 교제를 나누는 시간이 형성되었다. 어떤 때는 무려 3시간 이상 뒤풀이가 이어졌고, 심지어 각자의 장소에서 다과와 식사를 하면서 즐겁고 유쾌한 뒤풀이 시간을 함께 가졌다.

이는 디지털 패러다임에 기반을 둔 디지털 대면 예배의 특징들 중의 하나를 경험하기 위해서였다. 콘퍼런스 이후 가진 뒤풀이 시간을 디지털 대면 예배로 옮겨 보면 '뒤풀이 시간'은 '디지털 대면 친교와 교제의 시간'이라 할 수 있겠다. 공식적인 예배는 마쳤지만 예배 후 친교와 교제가 더 필요한 회중들은 온라인 공간에 남아 친교와 교제를 나눌 수 있고 이에 더하여 목회 돌봄도 가능하다.

필자에게 익숙한 줌(Zoom) 미팅 공간에서는 개인 상담도 할 수 있도록 별도의 공간 구성도 가능하다. 그 독립된 온라인 공간에서 특별한 그룹들이 함께 기도하고 축복하는 시간을 연장 할 수 있다. 이와 같이 예배와 친교, 그리고 목회 돌봄이 인격적 교제를 추구하는 디지털 대면 예배에서 충분히 가능하다고 필자는 말하고 싶다.

이에 더하여 서로 눈을 뜨고 기도하는 것 또한 디지털 대면 예배의 특징들 중에 하나이다. 눈을 함께 뜨고 서로의 얼굴을 마주 보며 회중 대표 기도가 가능하다. 이에 더하여, 예배 공동체가 눈을 함께 뜬 상태에서 축도(축복의 기도)가 가능하다. 눈을 감고하는 기도의 효과만큼 서로 눈을 뜨고 서로의 얼굴을 마주 보면서 디지털 대면 예배 공간에서 함께 기도하는 감동의 효과도 크다는 것이 디지털 대면 예배의 특징들 중 하나이다. 눈을 감고하는 기도, 눈을 뜨고 함께 드리는 기도를 디지털 대면 예배에서 활용해 보기를 필자는 제안한다.

3. 디지털 대면 예배에서의 찬양

숨과 쉼을 잇는, 몸의 뼈와 근육 그리고 혈관과도 같은 역할을 하는 것이 바로 찬양이다.

디지털 대면 예배에서 찬양은 느린 찬양과 빠른 찬양의 적용이 다르다. 줌(Zoom) 사용을 기준으로, 느린 찬양은 모두 음 소거 해지(unmute)를 한 상태에서 서로의 소리를 들으며 천천히 부르는 것이 은혜롭다. 이럴 경우에는 줌(Zoom)에서 갤러리 모드로 화면을 보는 것이 도움이 된다. 스피커 뷰도 자기 자신의 목소리의 세기를 회중들의 목소리와 함께 조절하면서 찬양하는 데 알맞은 화면 보기 기능을 제공한다.

회중 찬양을 천천히 함께 부를 때는, 가급적 참석자 모두가 헤드폰이나 이어폰을 끼고 소리를 듣는 것이 좋다. 스피커를 사용하면 피드백과 에코가 발생하는 경우가 많다. 이 부분에 대해서 아래에서 좀 더 자세하게 다룰 예정이다.

빠른 찬양의 경우는 인도자를 포함하여, 100% 모든 참여자들이 음 소거(mute)를 하고, 이미 준비된 악보와 오디오 노래 파일을 틀어주는 것이 좋다. 줌에서는 음악을 생방송으로 직접 연주하는 것은 추천하지 않는다. 음성 파일처럼, 영상을 녹화해서 비디오를 틀어주는 것은 괜찮다.

오디오 찬양 음성 파일은 가급적 로컬 교회에서 생산할 수 있으면 더 좋은 효과가 있다. 모두 음 소거(mute) 한 상태에서 회중 전체가 음성 파일에서 나오는 소리를 듣고 따라 부르는 것이 빠른 찬양에서는 더 좋은 효과를 갖게 된다.

4. 포스트 팬데믹 시대에서 줌(Zoom)이 도전하는 디지털 교회론

줌(Zoom)을 대면으로 이용하려면 최대 300명에서 500명까지만 접속이 가능하다. 사실 이 인원도 너무 많다. 필자는 이 부분에서 교회론을 생각해본다. 마치 코로나가 교회의 기형적 성장을 멈추기 위해서 미래에서 온 손님처럼 느껴진다.

기독교윤리실천운동이 2008년부터 시작하여 6회째 실시한 2020년 한국교회의 사회적 신뢰도 여론조사에 따르면, 한국 교회 신뢰도는 31.8%로 나타난다. 63.9%는 한국교회를 신뢰하지 않는 것으로 나타났다.[27] 기독교 목사의 말과 행동에 믿음이 간다는 반응에는 30%가 신뢰, 68%가 불신하는 것으로 나타났다. 기독교인의 말과 행동에 믿음이 간다는 반응에도 비슷하게 신뢰 32.9%, 불신 65.3%로 나타났다. 가장 신뢰하는 종교로는 2017년 5차 조사 때와 마찬가지로 가톨릭에 대한 신뢰도가 높고 그 다음이 불교 그 다음이 개신교이다. 비율로 보면 좀 더 현실감이 느껴진다. 가톨릭 33%, 불교 23.8%, 그리고 개신교가 6.1%의 응답률을 보였다. 상대적으로 개신교가 매우 낮게 평가된 점은 주목할 만한 일이다. 이제는 개신교에 대한 낮은 신뢰도에 놀라기보다는 오히려 당연하다는 반응이 많다는 사실이 더 주목할 만한 일이다.

이런 가운데, 긍정적인 부분은 개신교가 타 종교에 비해서 사회봉사활동을 가장 많이 한다는 점이다. 근소한 차이로 점수가 높아 1위를 차지했다. 그리고 한국 사회에 가장 도움이 되는 사회봉사 활동을 하는 종교에서도 개신교가 근소한 차이(오차범위 내)로 가장 높은 순위를 보였다.

한국교회의 교회 밖 세상과 소통하는 부분에 대한 평가는 소통한다(매우+약간) 34.6%, 소통하지 않는다가 61.6%로 나타났다. 개신교인들 내에서도 한국교회가 세상과 소통하지 않는다는 인식이 40.7% 이상 응답된 것을 보면, 개신교 내에서 조차도 상당수가 세상과 소통하지 않는 교회에 대한 유감과 아울러 부정적 인식을 가지고 있음을 엿볼 수 있다.

그 중에서도 높은 순위별로 개신교가 개선해야 할 점들을 열거하면 불투명한 재정 사용, 교회 지도자들의 삶, 타종교에 대한 적대적, 공격적, 배타적인 태도, 교인들의 삶, 교회의 성장제일주의, 그리고 종교와 정치 분리이다. 개신교 목회자가 개선해야 할 점들을 높은 순위별로 살펴보면, 윤리/도덕성 51.5%, 물질 추구 성향 14.5%, 사회현실 이해 및 참여 12.1% 등의 순으로 나타났다. 개신교인들이 개선해야 할 점을 높은 순위별로 살펴보면, 남에 대한 배려 부족이 26.6%, 정직하지 못함이 23.7%, 배타성이 22.7% 로 순으로 나타났다.

필자는 2020년 한국 교회 신뢰도 조사에서 개신교가 개선해야 할 사항들 중 하나로 거론 된 교회성장제일주의 만 이 글에서 언급하겠다. 한국 교회가 개선해야 할 항목 중에 이 항목은 과거에도 그랬고 현재에도 진행 중이고 앞으로 계속해서 개선되어야 할 항목들 중의 하나이다.

포스트 팬데믹 시대의 교회는 이제부터 교회가 성장해야 한다는 강박관념으로부터 해방되어야 한다. 아이러니하게도 줌(Zoom)은 교회가 작다는 죄책감과 죄의식으로부터도 예배 공동체를 자유롭게 한다. 줌 미팅에서 모일 수 있는 최대 인원이 300명에서 최대 500명이기 때문이다. 마치 건강한 소통과 교제를 위해서는 예배 공동체의 수가 몇 명 정도면 적당한지를 줌(Zoom)이 알려주고 있다고 한다면 필자의 지나친 상상일까?

이처럼 디지털 대면 예배를 다루면서 필자는 교회의 본질을 생각해보게 된다. 교회는 하나님이 이 세상을 사랑하신 것처럼 이 세상을 더 많이 사랑하라고 부르신 자유와 해방을 목적으로 하는 예배 공동체이다. 이 생명을 살리는 일 다시 말해 숨을 쉬게 하고 쉼을 제공하는 일을, 교회가 크지 않아서, 부흥하지 못해서, 유명하지 않고, 성공

혹은 성장하지 못해서 할 수 없다고 말 할 수 없다.

예수가 죄 사함을 선포하였듯 죄책감과 죄의식에 얽매여 살아가는 우리의 이웃들을 죄로부터 해방시키고 자유하게 하라고 부르신 사랑의 공동체가 바로 교회이다. 사람을 더 모아야 하고, 부흥시켜야하고, 교회당을 아름답게 건축해야 한다고 예수는 제자들에게 가르친 적이 없다. 그런 요구는 자본주의라는 신이 부추겨왔던 것이다. 대형화는 팬데믹 이전의 세상이었던 산업화 문명과 신자유주의 문명이 부추긴 성공과 승리를 지향하는 세속적 가치관이다. 이는 모두 자본주의의 이데올로기이지 기독교 신앙의 심장인 연민과 사랑을 근간으로 한 복음의 메시지 일 수 없다.

교회도 마찬가지이다. 오늘날 많은 교회들이 거인이 되고 싶어 하는 신화에 사로잡혀있었다. 코로나가 그 성장을 멈추게 했다면 과언일까? 큰 교회, 성공한 교회, 유명한 교회, 부흥하는 교회를 만들고자 하는 강박관념으로부터 이제 우리 모두 해방되어야한다. 작은 교회를 출석하고 작은 교회를 섬기는 이들은 상대적으로 큰 교회들과 비교하며, 교회가 작다는 낮은 자존감으로부터 자유해야 한다.

줌(Zoom)은 구조적으로 인원이 적고 예산이 부족하며 건물의 사이즈가 작은 교회에 대한 심리적 위축으로부터 예배 공동체를 해방시킨다. 오히려 줌(Zoom)은 작은 교회에 더 적합한 온라인 환경이다. 필자는 기독교대한감리회에 속한 전국 교회들 가운데, 두 곳 중 하나는 미 자립 교회라는 글을 읽은 적이 있다.[28] 어찌 기독교대한감리회의 교회 상황만 그러하겠는가? 포스트 팬데믹 시대의 교회는 우리가 작은 교회, 미자립 교회로 규정한 교회들이 오히려 교회다운 교회가 될 수 있는 환경을 온라인에서 구축할 수 있음을 역설적으로 보여주고 있다. 필자가 소망하기는 대형 교회에 비해 사이즈가 작고 재정 자립도가 낮은 교회들이 오히려 교회다운 교회, 건강한 교회, 개혁하는 교회를 세워 나갈 수 있기를 바란다. 그러기 위해서는 필자가 이 글에서 언급하는 디지털 패러다임, 디지털 신학, 디지털 목회, 디지털 예배와 설교, 성찬식에 대한 내용들을 현장 대면 예배와 디지털 대면 예배에 잘 적용하여 건강한 예배 공동체가 될 수 있기를 희망한다.

| 나가는 글 |

끊이지 않는 '일상 감염'의 연속이다. 잠잠해진 것 같은데 확진자가 집단적으로 발생하고 마무리되어가는 것 같은데 또 다시 '대유행' 가능성을 우려하는 전문가들의 예견이 방송 매체를 통해 심심치 않게 들려온다. 이런 과정을 반복하면서 이 일상 감염의 숙주인 코로나가 예배 공동체를 초대 교회가 되게 하는 것 같다. 이런 측면에서 포스트 팬데믹의 시대는 초대교회로의 회귀로 느껴진다. 미래와 현재 그리고 과거의 예배 공동체가 마치 공존하고 있는 상황 같다.

우리가 하는 모든 목회와 신학과 예배, 설교, 성례전, 교회 음악과 교육, 선교는 아직 한 번도 경험해보지 못한 것처럼 새롭게 실행되고 있는 부분들이 지금도 그리고 앞으로도 많을 것이다. 그 중에는 논의를 충분히 거치지 못하고 실행되고 있는 부분들도 있다.[29] 그래서 예배 공동체는 이러한 실행들이 바람직 한 것인지 아니면 바람직하지 않은 것인지, 해야 하는 것인지 아니면 하지 말아야 하는 것인지, 할 수 있는 것인지 아니면 할 수 없는 것인지, 애매하고 모호하며 막연한 상태에서 긴장감을 놓지 못하고 있는 것은 어쩌면 당연한 일이다.

코로나가 코로나 발생 이전에 예배 공동체에게 익숙했던 방식을 거의 대부분 멈추게 했고 새로운 문명과 새로운 교회, 새로운 목회, 새로운 예배와 설교, 성례전, 예배 음악과 교육과 선교의 세계로 나아가는 새 역사와 문명 창조에 예배 공동체를 초대하고 있기 때문이다. 그런데 아직은 이 초대가 미지(알지 못함)의 세계다.

글을 마치며 필자가 분명히 하고 싶은 것은 예배 공동체가 이제는 팬데믹 이전으로 돌아갈 수 없다는 것이다. 아니 돌아가서는 안 된다. 팬데믹 이전으로 돌아간 다는 것은 우리가 다시 산업화 문명이 몰고 왔던 교회의 모습으로 복귀하는 것이고 이는 또 다시 팬데믹의 상황을 초래할 것이기 때문이다. 달리 생각해보면 포스트 팬데믹의 시대는 위기가 아니라 기회가 아닐까 생각해본다. 1960년대 예배 갱신 운동의 주요 정신이 '초대 교회의 본질로 돌아가자'는 것이었는데, 우리는 지금 코로나 덕분에 본질을 생각하고 본질로 돌아갈 수 있는 기회를 얻게 된 것이다. 마치 출애굽 공동체가 애굽을 탈출하여 홍해를 건널 때 물길을 낸 모세의 지팡이가 코로나의 역할과 흡사해 보인다. 이제 우리도 코로나 지팡이로 새로운 물길이 열렸기 때문에 팬데믹 이전의 애굽의 상황으로 돌아가서는 안 되고 아니 절대로 돌아갈 수 없다.

여기서 필자는 세 가지 표현이 떠오른다. '아드 폰테스(Ad Fontes: Back to the Sources)' 풀이하면, "근원으로 돌아가자." 또 하나는 스토아주의에서 형성된 개념으로 종교개혁 시대에 중요한 개념이 된, '아디아포라(Adiaphora)' 풀이하면, "대수롭지 않은 것들, 비본질적인 것들로부터 자유하자." 그리고 마지막으로 하나는 공자의 논어에 나오는 '君子務本 本立而道生(군자무본 본립이도생)' 풀이하면, "군자는 근본에 힘쓰니, 근본이 서면 도가 생긴다."다. 필자의 관점으로 재 서술하면, '사람은 마땅히 근본이 무엇인지를 물어야하고, 근본을 바로 세우면 길이 열린다.'는 뜻이다. 이 세 가지를 모두 성서적 관점으로 초점을 맞추어보면 히브리어 성서에 1,059회 나오는 히브리어 '슈브(שוב)'라는 단어, 하나님께로 "돌아오라 혹은 돌아가라!"다. 헬라어 성서에서 이와 비슷한 의미를 나타내는 단어는 동사형 'μετανοεω(메타노에오: to change one's mind or purpose)', 명사형 'μετανοια(메타노이아)'다.

메타노이아를 '회개 혹은 참회'로 번역했는데, 이를 풀이하면 '가던 길을 멈추고 다른 길로 바꾸는 것'이다. '마음을 바꾸고 아는 것을 바꾸는 것'이다. '방향을 바꾸어 돌이키는 것'이다. '본질로 돌아가는 것'이다. 이것이 진정한 의미의 회개와 참회 아니겠는가? 이제 예배 공동체는 지금까지 걸어왔던 팬데믹 이전의 산업화 문명의 길과 산업화 문명을 무비판적으로 따르던 교회의 길을 계속 걸어간다거나 혹은 왔던 길로 되돌아가려고 해서는 안된다. 필자는 이 글의 모두에 길에 대한 언급을 의미적으로 했는데, 이제 예배 공동체는 가지 않았던 길을 열어 새 길을 내야한다. 길이 끝나는 곳에서 길이 되고, 새로운 길을 찾는 그리스도의 몸이 되어야 한다.

필자는 이미 이 글에서 그 새로운 길이 히브리어 성서, 헬라어 성서에 나오는 '숨과 쉼'의 이야기임을 밝혔다. 그리고 그것을 디지털 패러다임의 다섯 가지 특징들을 중심으로 디지털 신학, 목회, 예배, 설교, 성례전, 음악, 교육, 선교에서 구현(embodiment)해 낼 수 있도록 제안했다. 이와 같이 포스트 팬데믹 시대는 분명 예배 공동체의 위기이지만 또한 새로운 길을 여는 기회가 될 것으로 필자는 전망한다.

헬라어 성서에 나오는 초대 교회 당시, 마가, 누가, 마태, 요한 신앙 공동체와 같이 그리고 바울이 서신들을 쓴 각 교회 신앙 공동체들과 같이 다양한 방식의 예배와 설교, 성례전, 다양한 소통 방식의 목회 실행들과 돌봄을 끊임없이 추구하기를 바란다.[30] 그리하여 포스트 팬데믹 시대를 살아가면서 주체적이고 고유한, 작고 아름다운, 개별적이지만 조화로운, 소박하고 여유로운, 생명을 숨 쉬게 하고 쉼을 제공하는 예배 공동체다운 공동체를 세워가기를 응원하고 축복하면서 이 글을 마친다.

'온라인 성찬' 함께 경험하기

「예배 컨퍼런스 2020」 2020년 10월 4일
동영상 바로가기: https://youtu.be/xNFm1_jzm_w

각자 성찬을 준비하면서 부르는 찬양
(Hymn of Invitation and Preparation)

Song : 오병이어(Five Loaves & Two Fish) by 소리엘(Soriel)

【안내】
2분 30분 정도 찬양이 진행되는 동안 온라인 참여자들은 음 소거 상태에서 찬양 전체를 아시는 분들은 따라 부르시고, 음이 익숙하신 분들은 지난 주일에 배운 숨, 쉼, 안식을 수화(몸)로 찬양을 하시면서 성찬을 준비하시기 바랍니다.

【가사】
예수님 작지만 저의 것을 드릴께요.

오병이어 한 소년이 드렸던 보리떡 다섯 개
오병이어 한 소년이 드렸던 물고기 두 마리
거기에는 완전한 나눔이 거기에는 참된 기쁨이
나누는 사랑에는 자기 것 찢는 희생과 아픔 있지만
그곳엔 평안과 기쁨이 있어 그곳엔 감격과 확신이 있어
세상의 가치로 매길 수 없는 놀라운 힘이 있어요
우리의 것을 드려요 우리의 오병이어 드려요
작지만 소중한 우리들의 오병이어 드려요

우리의 것을 드려요 우리의 오병이어 드려요
작지만 소중한 우리들의 오병이어 드려요

성찬 (Holy Communion)

* 굵은, 이탤릭 글씨체는 다 함께

성찬으로의 초대 Invitation to the Table _김남중 목사(Rev. Namjoong Kim)

우리 주 예수 그리스도로 인하여 한 형제 자매 된 여러분, 이제 거룩하신 주님의 식탁 앞에서 하나님 나라의 잔치가 열립니다. 이 거룩한 잔치에 그리스도의 십자가 희생의 사건을 통하여 죄사함을 얻은 믿음의 백성들이 함께 모여 참여할 것입니다. (온라인 성찬에서는 생략함)

우리 주 예수 그리스도께서 당신의 모든 백성들을 위해 마련하신 이 숨과 쉼의 거룩한 식탁에 여러분들을 초대합니다. 이제 우리는 주님의 초대에 다 함께 응답하면서 우리의 삶을 지금까지 인도해주신 주님께 감사하십시다. 또한 그리스도 안에서 하나가 된, 세계 도처에서 믿음 생활 하는 우리의 형제 자매들과 교회들, 그리고 세계의 교단들과 더불어 '세계성찬주일'을 함께 드림을 감사하십시다.

성찬 감사 기도문 The Great Thanksgiving: Eucharist

The Lord be with you.	주님께서 여러분과 함께.
And also with you.	또한 목사님과도 함께.
Lift up your hearts.	여러분의 마음을 높이 드십시오.
We lift them up to the Lord.	주님을 향하여 높이 듭니다.
Let us give thanks to the Lord our God.	우리 주 하나님께 감사 드립시다.
It is right to give our thanks and praise.	이는 주의 백성이 마땅히 해야 할 바입니다.

(참여자들은 음 소거 상태에서 기도하는 음성을 따라 함께 감사의 기도를 드릴 수 있습니다.)

큰감사 기도 I (Eucharist)

온 우주 만물을 창조하셨고
지금도 창조하고 계시며
새롭게 하시고 회복시키시는
창조주 하나님께 감사드립니다.

우리를 쉴만한 물가로 인도하시고
우리가 걸어가는 인생길의 고비 고비 마다
잔치상을 베풀어주시는 하나님께
모든 존귀와 영광을 돌려드립니다.

이제 우리 모두 온 마음과 힘을 다하여
온 정성과 뜻을 다하여
생명의 숨을 불어 넣어 주시고
회복의 쉼을 누리게하시는
창조주 하나님께
감사의 찬양을 올려드립니다.

다 함께 찬양 Sing Together - O, Lord my God! When I in Awesome Wonder
주님의 높고 위대하심을 내 영혼이 찬양하네
주님의 높고 위대하심을 내 영혼이 찬양하네
Then sings my soul, my Sav-ior God to Thee
How great Thou art, how great Thou art!
Then sings my soul, my Sav-ior God to Thee
How great Thou art, how great Thou art!

큰감사 기도 II (Eucharist)

예수 그리스도께서는 죄와 허물 가운데 사는 우리들을
구원하시기 위하여 이 땅에 오셨습니다.
그리고 기꺼이 자신을 하나님께 바치심으로
우리를 하나님의 자녀로서
숨을 제대로 쉬고
쉼을 회복하며 살라고
새로운 존재로 지어 주셨습니다.
그러므로 수고하고 무거운 짐을 지고 살았던 우리 모두는
이제 이 찬양을 고백하겠습니다.

우리의 짐을 내려 놓으며,
주님께 감사와 영광을 올려드립니다.

다 함께 찬양 Sing Together – 1절 / 나 같은 죄인 살리신(v.1 / Amazing Grace)
나 같은 죄인 살리신 주 은혜 놀라와 잃었던 생명 찾았고 광명을 얻었네
Amazing grace! How sweet the sound That saved a wretch like me.
I once was lost, but now am found, was blind but now I see.

* 아래의 순서부터 몸이 불편하지 않으시면, 모두 자리에서 일어나시기 바랍니다.
  (온라인 성찬에서는 카메라의 각도 때문에 앉고 일어섬 생략)
* If you are able, please stand up from this moment.

성찬 제정사 (The Word of Institution for Meal)

김주은, 김사랑, 김가을 어린이(음성):
우리는 예수님이 마가의 다락방에서 하셨던 일을 기억하기 위해
오늘 성찬의 자리에 모였습니다.
예수님께서 십자가에서 돌아가시기 전날 밤에
그의 제자들과 함께 식사를 하시다가 빵 덩어리를 취하셔서(빵을 집는다)
그것에 감사와 축복을 하신 후(빵을 들어 올린다),
그것을 쪼개어 제자들에게 나누어 주시며(빵을 뗀다) 말씀하셨습니다.
"받아먹으라. 이는 너희를 위해 주는 나의 몸이다. 너희가 이것을 행할 때 마다 나를 기억하여라."(양 손에 있는 빵을 온라인 참석자들에게 보여주고 접시에 내려놓는다)
We gather at this table to remember that on the night before he died, Jesus ate with his friends, he took a loaf of bread, and after blessing it, he broke it and gave it to them, saying: "Take, eat. This is my body, given for you. Each time you do this, remember me."

김승남 목사(음성):
같은 날 저녁에 예수님께서는 또한 잔을 취하시고(잔을 집는다)
그 잔을 축복하시고(잔을 든다)
당신의 제자들에게 전달하시면서 다음과 같이 말씀하셨습니다.
"받아 마시라. 너희를 위하여 따르는 이 잔은 죄의 용서를 위하여 너희와 또 모

든 사람을 위해 흘리는 나의 피요, 새 언약 이니라. 너희가 이 잔을 마실 때마다 언제든지 나를 기억하여라."(잔을 온라인 참석자들에게 보여주고 상 위에 내려놓는다)
That same night, Jesus also took a cup, and after giving thanks, passed it to his friends, saying: "Drink. This cup, poured out for you, is the promise of God. Whenever you drink it, remember me."

김승남 목사: 그러므로 우리가 이 떡을 먹으며 이 잔을 마실 때 마다 부활하신 주님의 구속의 죽으심을 그의 오실 때까지 선포하는 것입니다.(떡과 잔을 들어 온라인 회중에게 보여주고 내려놓는다.)

그러므로 그리스도를 통하여 이루신 큰 구원의 은총을 기억하며 자신을 내어 주신 그리스도와 하나되어 우리를 감사와 찬양으로 주님께 거룩한 산 제물로 드리오니, 이 믿음의 신비를 함께 찬양으로 선포합시다. *Let us proclaim(with singing) the mystery of faith together.*(UM Book of Worship 기반으로)

믿음의 신비(다 함께 찬양) Mystery of Faith(Sing Together)

주님 죽으셨네 다시 사셨네 주님 다시 오시네 주님은 우리의 숨/쉼
Christ has died, Christ is risen, Christ will come again, Christ is our Breath/Sabbath

성령 임재의 기원 Epiclesis (Invocation)
참여자들은 음 소거 한 상태로 기도하는 음성을 따라 다 함께 기도합니다.

[현재 화면에 비친 참여자들과 각자 준비한 빵과 잔을 향하여 각자 손을 올립니다.]
자비하신 하나님, 여기에 모인 우리에게 성령을 부어 주시고,
주님의 선물인 이 빵과 잔 위에 임재 하셔서, 성별 하여 주옵소서.
그리고 예수 그리스도의 보혈로 구원받은 우리가
세상을 위한 그리스도의 몸이 되게 하옵소서. 아멘.

[현재 화면에 비친 참여자들을 향하여 각자 손을 펼칩니다.]
또한 성령으로 우리를 예수 그리스도와 하나 되게 하시고,
우리가 서로 하나 되게 하옵소서.
예수 그리스도께서 최후의 승리자로 다시 오실 때까지,
이 감사와 연합과 은총의 음식을 나누면서,
하나님의 임재를 찬양하며, 우주만물을 존중하며 살고,
이웃을 사랑하며 섬기고, 정의와 평화를 추구하고 악에 항거하며,
십자가형을 당하시고 다시 살아 나셔서,
우리의 심판자와 희망이 되신, 예수님을 선포하며 살게 하옵소서. 아멘.
Gracious God pour out your Holy Spirit on us gathered here, and on these gifts of bread and wine. Make them be for us the body and blood of the Risen Christ, that we may be for the world the body of Christ, redeemed by his blood. By your spirit make us one body with Christ, one with each other, And until Christ comes in final victory, while eating this meal of thanksgiving, union, and grace, may we celebrate God's presence, live with respect in Creation, do and seek justice/peace and resist evil, love kindness and serve others, proclaim Jesus, crucified and risen, our judge and our hope. Amen.

떡과 잔을 나눔 Sharing the Bread and Cup
김남중: 이 빵은 여러분과 이 세상을 위하여 생명의 숨을 주시는 그리스도의 몸입니다.

다 함께: 아멘

다 함께 찬양 Sing Together – 찬양을 부르는 동안 함께 먹습니다. While singing, we eat together. 함께 먹으면서 숨을 고르며 찬양합니다. 꼭 찬양을 따라 부르지 않아도 됩니다.
김남중: 이 잔은 여러분과 이 세상을 위하여 흘리신 그리고 회복의 쉼을 주시는 그리스도의 피입니다.

다 함께: 아멘.
다 함께 찬양 Sing Together – 찬양을 부르는 동안 함께 마십니다. While singing below, we drink together. 함께 마시면서 쉼을 회복하며 찬양합니다. 꼭 찬양을 따라 부르지 않아도 됩니다.

Rev. Kim: This bread is the body of Christ, given for us/all and giving us Breath of life.
People: Amen.

Rev. Kim: This cup is the blood of Christ, given for us/all and giving us Sabbath of recovery. People: Amen.

성찬 후 감사기도(다 함께) Thanksgiving Prayer after Communion(Together)

다 함께 음 소거한 상태로 기도하는 음성을 들으며 함께 기도합니다.
함께 기도합시다. Let us pray together.

영원하신 하나님,
주님 자신을 우리들에게 주신 이 거룩한 신비에 감사드립니다.
이제 당신의 성령의 능력 안에서 세상으로 나아가,
우리도 숨을 제대로 쉬고 쉼을 누릴 뿐만 아니라
다른 이들을 위하여 숨과 쉼을 제공하고 또한 우리 자신을 줄 수 있게 하옵소서.
우리 주 예수 그리스도의 이름으로 기도합니다. 아멘.
Eternal God, we give you thanks for this holy mystery, in which you have given yourself to us. Grant that we may go into the world in the strength of your Spirit, to live with breath and sabbath you have given us, to offer these to others, to give ourselves for others, in the name of Jesus Christ our Lord. Amen.

축복의 기도

김남중 목사: 여러분 이제 생명의 말씀으로 숨을 쉬었고
주님께서 베풀어주신 음식의 공급으로 쉼을 회복하셨으니
이제 여러분의 세상에서 새로운 삶을 시작하십시오.
주님과 함께 하면 언제나 새로운 시작입니다.
삶을 예배로, 예배를 삶으로 번역하며 살아가십시오.
여러분이 계신 시간과 공간, 장소마다 성부와 성자와 성령께서
여러분과 늘 함께 하시기를 축원 하옵나이다. 아멘

다 함께 찬양: *주 안에서 찬양하라*

- 사용된 예배 도움 자료들 Liturgical Resources
- 예배 컨퍼런스 2020 온라인 성찬 샘플을 준비하며 디자인된 성찬 예식은 한국/미국 장로교회, 캐나다 연합교회, 한국/미국 감리교회 성찬 예식서들을 참고하여 만들어졌습니다. 주로 사용한 자료는 아래와 같습니다.
- 새예배서 The Korean Methodist New Book of Worship, 기독교 대한 감리회, 2002
  희년 예배서(교역자용) 한국 기독교 장로회 총회, 2006
  찬송과 예배 Come, Let Us Worship, The United Methodist Publishing House, 2001

- 온라인 성찬 예식 디자인
  김남중 교수(Rev. Dr. Namjoong Kim, Th.B., Th.M., S.T.M., M.Phil., Ph.D.)
  Assistant Professor of the Practice of Ministry
  Director of Korean Doctoral Programs
  Claremont School of Theology

| 미주 |

1. 이영재 외, "코로나19 이후의 교회를 상상하다",(경기도 과천: 도서출판 lbp, 2020), 37p.

2. 온라인 국립국어원 표준국어대사전(https://stdict.korean.go.kr/)에 따르면 '혼란'은 "뒤죽박죽이 되어 어지럽고 질서가 없음"이고 '혼돈'은 "마구 뒤섞여 있어 갈피를 잡을 수 없음. 또는 그런 상태"이다.

3. 이영재 외, "코로나19 이후의 교회를 상상하다", (경기도 과천: 도서출판 lbp, 2020)에 실린 필자의 글 "코로나 19 이후의 예배" 43-46p를 참고하기 바란다.

4. 포스트콜로니얼리즘(post-colonialism)을 번역할 때 'post'가 '이후(after)'와 '탈피', '초극(beyond)'을 동시에 함의하고 있어서 '탈식민주의' 혹은 '후기식민주의' 중 하나로 번역하지 않고 두 가지 의미를 모두 살리기 위해 포스트콜로니얼리즘이라고 사용한다. 필자도 이런 관점으로 post-pandemic을 포스트 팬데믹으로 해석해보았다.

5. 테레사 베르거, "@Worship, Liturgical Practices in Digital Worlds(예배, 디지털 세상을 만나다)", 안선희 옮김, (서울: (사)기독교문서선교회, 2020)은 제목이 암시하는 것처럼 '예배'와 '디지털 세계'와의 관계를 긍정의 관점을 기반으로 쓴 책이다. 가상의 몸, 디지털 현존, 온라인 참여, 온라인 예배공동체에 대한 이해를 돕는 책이며 필자가 이 글에서 사용하는 '디지털'의 의미를 보다 깊이 독자가 이해할 수 있도록 안내한다.

6. 필자가 디지털 예배 패러다임의 특징을 '글로컬(glocal)'이라고 표현한 이유는 단어 그 자체가 함유하고 있는 세계와 지역 간 상호 소통뿐만 아니라 예배의 관점에서 보면 온라인과 현장 간 다양한 시간들과 공간들의 상호 소통이 가능하기 때문이다.

7. "But he and Calvin stress the fact that, when they speak of a visible and an invisible Church, they do not refer to two different Churches, but to two aspects of the one Church of Jesus Christ." Louis Berkhof, "Systematic Theology", (Grand Rapids: WM. B. Eerdmans Publishing Co., 1981), 565p. 보이는 교회와 보이지 않는 교회를 가시적 교회와 불가시적 교회, 가견적 교회와 불가견적 교회(ecclesia visibilis et invisibilis)로도 번역한다. 이 부분은 존 칼빈의 기독교 강요(1559년) 4권 1장에 나온다.

8. '상호의존성'에 관한 훌륭한 글은 김혜란, "상호의존: 포스트식민주의 여성주의 실천신학", 이후은 옮김. (서울, 동연, 2020)을 참고하기 바란다.

9. 이 내용은 2020년 8월 17일부터 28일 사이에 있었던 클레어몬트 신학대학원 실천신학 목회학 박사과정 온라인 집중 수업들을 마치고 구두와 서면으로 수업을 평가하는 시간에 학생들이 언급한 내용들이다.

10. 양성구 박사는 2020년 9월 20일에 클레어몬트 신학대학원 주관으로 열렸던 온라인 예배 컨퍼런스에서 "온라인 설교의 신학과 사례연구"라는 제목으로 1시간 동안 참석자들에게 강연을 했다. 그 강연 중에 언급한 부분이 바로 필자가 이 글에서 소개한 다섯 가지 특징들과 유사한 디지털 화 된 하나님 말씀의 다섯 가지 특징들이다. 필자는 양성구 박사의 디지털 화 된 설교의 다섯 가지 특징들에 대해 경청하면서 소통을 회복하는 제 3의 공간으로서의 디지털 화 된 설교 가능성에 대한 큰 성찰을 얻었다. 그리고 그의 강연은 필자가 이 글을 설교에서 목회, 신학,

예배로 확장시키는데 기여했다. 양성구 박사가 강연에서 언급한 다섯 가지의 특징들은 가변성/혁신성(Fluidity), 편재성(Ubiquity), 연결성(Connectivity), 공유성(Shareability), 문화예술성(Holistic Artistry)이다. 필자는 디지털 목회, 신학, 예배로 그 의미를 확장하면서 양성구 박사가 언급한 단어들을 약간 수정하였고 이 단어들이 함유하고 있는 특징들과 의미들은 필자의 주관적 견해로 해석되었음을 밝힌다.

11. Leonard Sweet, "So Beautiful: Divine Design for Life and the Church", (David C Cook, 2009)
12. Leonard Sweet, "Giving Blood", (Grand Rapids, MI: Zondervan, 2014), 43–57p.
13. 예배와 정의에 관한 논의는 Anne Y. Koester가 단행본으로 편집한 "Liturgy and Justice: To Worship God in Spirit and Truth", (Minnesota: The Liturgical Press, 2002)를 참고하기 바란다.
14. 예수의 정체성에 관한 논의는 마커스 보그 & 톰 라이트 공저, "예수의 의미(The Meaning of Jesus: Two Visions)", 김준우 역. (서울: 한국기독교연구소, 2001), 85p 이후를 참고하기 바란다.
15. 예배의 종말론적 특성을 이해하기 위해 다음의 책을 참고하기 바란다. 단 샐리어즈 지음, "거룩한 예배: 임재와 영광에로 나아감", (서울: 예배와 설교 아카데미, 2013). 김운용 옮김, 89–122p. 박해정, "빛을 따라 생명으로: 예수 그리스도와 함께 드리는 예배", (서울: 동연, 2018), 49–63p.
16. 박해정, "빛을 따라 생명으로: 예수 그리스도와 함께 드리는 예배", (서울: 동연, 2018), 26–43p. 감리교신학대학교 박해정 예배학 교수가 쓴 책 내용의 한 부분인 '공동체 중심의 예배 정의'에는 필자가 예배의 중요한 요소로 소개하는 '기억(아남네시스)'과 '기대(프로랩시스)'에 대한 내용이 잘 정리되어있다.
17. 온라인 설교의 다양한 형식들은 2020년 9월 20일에 클레어몬트 신학대학원 주관으로 열렸던 온라인 예배 컨퍼런스에서 양성구 박사가 "온라인 설교의 신학과 사례연구"를 제목으로 강연할 때, 참석자들에게 구체적인 사례들로 소개했던 내용을 필자가 정리한 것이다.
18. 클레어몬트 신학대학원(Claremont School of Theology)이 주관했던 '2020년 온라인 예배 컨퍼런스는 "숨과 쉼"을 주제로 열렸으며 교단적으로는 11개의 교단과 1개의 무소속 그리고 지역적으로는 한국, 미국, 캐나다, 일본, 몽골, 말라위에서 49명의 참석자와 6명의 준비위원들(여성 14명, 남성 41명)이 함께 하여, 9월 13일부터 10월 11일까지 5주에 거쳐 모두 5회 열렸다. 주제 강연과 아울러 온라인과 설교, 온라인과 예배 음악, 온라인 성찬식과 예술, 그리고 참석자들과 예배를 함께 디자인하고 실연하는 시간을 가졌다. "예배: 삶, 이야기, 그리고 예술"을 큰 주제로 하는 예배 컨퍼런스는 매해 클레어몬트 신학대학원 주관으로 열린다.
19. 할 타우직, "기독교는 식사에서 시작되었다: 사회적 실험 그리고 초기 기독교의 정체성", 조익표 외 옮김. (서울: 도서출판 동연, 2018); 주종훈. 이상예 지음, "일상 성찬: 삶의 모든 영역을 그리스도와 연결하는 방식", (서울: 두란노, 2019); 엘리노어 크라이더, "성찬의 신비로운 은혜: 성품을 빛는 성찬", 여정훈 외 옮김. (서울: 대장간, 2020); 그리고 엘렉산더 슈메만, "세상에 생명을 주는 예배", 이종태 옮김. (서울, 도서출판 복 있는 사람, 2019)은 필자가 언급한 내용들을 이해하는 데 도움이 될 것이다.
20. "디다케(Didache): 열두 사도들의 가르침", 정양모 역주. (경북 칠곡군: 분도 출판사, 2006), 54–57p.
21. 히뽈리뚜스, "사도전승", 이형우 역주. (경북

칠곡군: 분도 출판사, 2005), 136-139p

22. James F. White, "The Sacraments in Protestant Practice and Faith", (New York: Abingdon Press, 1999.), 84p.

23. 성례전의 다양한 신학들을 이해하기 위해 다음의 책을 참고하기 바란다. 세계교회협의회, "BEM 문서: 세례, 성만찬, 직제", 이형기 옮김. (서울: 한국장로교출판사, 2003)

24. 제임스 F. 화이트, "기독교예배학 입문", 정장복. 조기연 옮김. (서울: 예배와 설교 아카데미, 2007) 과 Laurence Hull Stookey, "Eucharist: Christ's Feast with the Church", (Nashville: Abingdon Press, 1993)가 필자가 언급한 내용들의 길잡이가 되어줄 것이다.

25. 필자가 온라인 성찬식을 디자인 할 때, 현장 대면 예배용인 다음의 책이 많은 도움을 주었다. 찰스 해킷 & 던 샐리어스, "예배와 예식 모범: 모든 교회에서 활용 가능한 예배 인도 지침", 김순환 옮김. (서울: 대한기독교서회, 2008)

26. 제임스 스미스, "하나님 나라를 욕망하라(Desiring the Kingdom): 예배, 세계관, 문화적 형성", 박세혁 옮김. (서울: 한국기독학생회출판부, 2019); HyeRan Kim-Cragg & EunYoung Choi, "The Encounter: Retelling the Bible from Migration and Intercultural Perspective", (Seoul: Daejanggan, 2013); 그리고 문동환, "바벨탑과 떠돌이", (서울: 도서출판 삼인, 2012)는 필자가 언급한 내용들을 이해하는 데 도움이 될 것이다.

27. 필자가 나열한 여론조사 결과들이 자세하게 나와 있는 기독교윤리실천운동이 주최한 '2020년 교회의 사회적 신뢰도 여론조사 결과 발표세미나' 자료집은 다음 웹페이지에서 다운로드 받을 수 있다. https://cemk.org/resource/15704/

28. 참고 사이트: https://www.kmctimes.com/news/articleView.html?idxno=49978

29. 필자는 팬데믹 상황에서 온라인 결혼식, 온라인 장례식, 온라인 목사 안수식을 참석해 본적이 있다. 매우 새로운 경험이었다. 팬데믹 상황이 예상보다 더 장기화 되면 예배 공동체는 디지털 목회와 목회 돌봄에 대한 보다 구체적인 계획들을 세우고 실행해야 할 것이다. 필자도 이 글에서 온라인 성찬식에 대해서 만 다루었는데, 팬데믹 상황이 장기화 된다면, 온라인 세례식에 대한 논의들도 조만간 있을 것으로 전망한다.

30. 안덕원, "우리의 예배를 찾아서: 신학이 있는 한국 교회 예배순례", (서울: 두란노, 2018)는 한국의 16개 교회의 예배를 북미 예배학의 아버지라 불리는 제임스 화이트(James F. White)의 제자이자 횃불트리니티신학대학원대학교 실천신학 교수인 안덕원 박사가 직접 방문하여 관찰하고 경험한 내용을 예배 신학적 관점에서 서술한 책이다. 내용도 탄탄하지만 책 제목 '우리의 예배를 찾아서' 라는 표현을 필자는 개인적으로 좋아한다. 필자는 한국 예배 공동체들이 팬데믹 상황에서 각각 자기교회 현장 대면 예배와 디지털 대면 예배의 색깔을 찾아서 예배의 전통을 만들고 설교와 성찬식의 전통을 만들어나갈 수 있기를 희망한다. 무지개 색깔이 아름답듯이 다양하고 다채로운 교회 예배와 설교 그리고 성찬식의 색깔들이 다양한 현장과 디지털 대면 예배들에서 보여 질 수 있기를 희망한다.

심층 종교로의
길목에서

어느 종교학자가 본 코로나19 이후의 한국 종교

오강남 교수(캐나다 리자이나대학교 종교학과 명예교수)

차례

들어가는 글 _ 13

─ 1부 **탈종교화 시대** ───────────

─ 2부 **코로나19 이후** ───────────

    1 사상적 변화 _ 184
    2 윤리적 변화 _ 191
    3 종교 아닌 종교 _ 200
    4 심층을 찾으라 _ 203

─ 2부 **심층을 찾으면?** ───────────

    1 참 나를 찾음 _ 205
    2 어울려 있음의 우주 _ 217
    3 이웃 종교와의 새로운 관계 _ 221

나가는 글 _ 224

| 들어가며 |

코로나바이러스 팬데믹 이후 종교, 특히 기독교는 어떻게 바뀔 것인가에 대해 글을 쓰라는 요청을 받았다. 평소 가깝게 지내는 최승목 목사의 부탁이라 그러겠다고 대답은 했지만 오랫동안 글에 착수할 수 없었다. 목회자나 신학자가 아니라 비교종교학자의 시각에서 보는 내 글이 비록 기독교를 사랑하는 충정에서 나오는 것이라 하더라도 이 책을 접하는 상당수 기독교인들에게 거슬릴 수도 있을 것이라는 생각 때문이었다. 그러나 이제 마감일이 임박해오므로 더 이상 늦출 수가 없게 되었다. 시작하면서부터 말씀드리고 싶은 것은 내 글이 불편하다고 느끼는 분들이 계시면 '이렇게 생각할 수도 있구나!'하는 정도로 알아주시면 좋겠다는 생각이다. 그러나 혹시 이 글 때문에 뭔가 생각하는 데 도움이 된다고 하시는 분이 계실지도 모른다는 희망을 품고 용기를 내어 어려운 글을 쓰기로 한다.

전대미문의 코로나바이러스 발발로 종교기관의 경제적 상황이나 구조적 문제 등에 지대한 영향을 끼치겠지만 여기서는 영적이고 정신적인 차원에 미치는 영향을 중심으로 해서 몇 가지 생각해 보기로 한다. 이 글에는 코로나 사태로 촉발될 가능성이 많은 미래 사항을 예거(例擧)하기도 하지만 어느 정도 희망 사항도 포함되어 있다는 사실을 미리 밝혀두고 싶다.

1부
탈종교화 시대

주지하다시피 코로나19 이전부터도 근래에 들어와서 종교계에 일어나는 현상 중 가장 괄목할 만한 것은 탈종교화 현상이었다. 실질적으로 "신 없는 사회"로 규정되는 노르웨이, 스웨덴, 덴마크, 핀란드, 아이슬란드 등 북유럽은 말할 것도 없고, 이른바 산업화된 나라들 중 그래도 지금까지 가장 종교적인 국가라고 알려진 미국에서마저도 이런저런 이유로 종교에서 벗어나는 사람들의 숫자가 급속도로 증가하고 있다.

어느 보수 기독교 목회자가 쓴 책 제목이 지금이 바로 '마지막 기독교 세대(The Last Christian Generation)'라는 것이었다. 미국 성공회 주교 존 쉘비 스퐁(John Shelby Spong) 신부는 미국에서 제일 큰 졸업 동창회는 "교회 졸업 동창회(The Church Alumni Association)"라는 말까지 할 정도다. 미국 고등학생들의 대부분은 고등학교 졸업과 동시에 교회도 졸업하는 것이 현실이다. 심지어 미국에서는 목사들마저 적지 않은 수가 늦게나마 교회 졸업동창회에 가담한다고 한다.

물론 한국도 예외는 아니어서 2015년 통계에 의하면 무종교인 수가 종교인 수보다 많아 전체 인구의 56.1%인데, 그 이후 5년 동안도 계속 증가했으리라 쉽게 짐작할 수 있다. 이런 탈종교화 현상에서 특징적인 것은 젊은이와 교육수준이 높은 이들 사이에서 종교를 떠나는 사람들이 많다고 하는 사실이다. 한국 개신교는 물론 한국 불교나 가톨릭의 경우도 별로 다를 바가 없다. 특히 몇몇 종교 단체에서는 성직자 지망자가 급감하고 있다.

2부
코로나19 이후

　역사를 예수님의 출생을 기점으로 B.C.(before Christ)와 A.D.(anno domini)로 나누었는데, 최근에는 비기독교인들을 고려해 중성적인 연호로 B.C.E.(before common era)와 C.E.(common era)로 하는 것이 보통이다. 이제 그 기점을 코로나 발발 연도로 해서 B.C.(before corona)와 이제 A.C.(after corona)로 나누어야 되지 않을까 하는 사람들도 있다. 그렇게까지 될지는 모르지만 아무튼 코로나19 발발이 중요한 역사적 기점이 되는 것은 확실하다. 물론 이전에도 종교 인구가 줄어들고 있었는데, 코로나바이러스라는 엄청난 사태로 그런 탈종교 현상이 더욱 가속화되지 않을 수 없다는 것은 분명한 사실이기 때문이다. 그렇지만 이 변화가 긍정적인 방향 전환의 계기가 될 수도 있을 것이라 여겨지기도 하다. 코로나바이러스는 정신 못 차리고 있는 이 시대를 위해 하늘이 보낸 일종의 경종이라 보는 이들이 적지 않다. 가히 인류가 맞닥뜨린 '회개의 시간'이다.

1. 사상적 변화

첫째, 코로나 이후 종교에 미칠 변화 중 가장 쉽게 짐작할 수 있는 것은 기복 신앙이 크게 줄어들 것이라는 사실이다. 종래까지 대부분의 한국 종교는 주로 기복적 성격을 띠고 있었는데, 이번 코로나19 사태를 통해 초자연적인 힘에 빌어 봐도 별 효과가 없다는 것을 실감하게 되고, 따라서 나의 이기적인 욕심을 근거로 빌기만 하면 무조건 들어준다고 믿던 이런 기복 일변도의 종교에 대한 신뢰심이 크게 퇴조될 것이라 볼 수 있다.

어느 면에서 이런 위기에 직면하기 때문에 오히려 자기들이 믿는 신이나 초자연적인 힘에 더욱 매달리고 헌신하게 되는 경우가 있을 수도 있다. 그러나 그들도 그 믿음을 그대로 유지하기 힘들다는 것을 곧 발견하게 될 것이다. 코로나 이전에도 많은 종교인들이 어머니가 아무리 기도를 열심히 해도 아들이나 딸이 대학에 당장 합격한다는 보장이 없다는 것, 병이 낫기를 아무리 지극정성으로 기도해도 그 때문에 병이 나을 확률이 높아지는 것을 실감하지 못한다는 것, 남편의 사업 성공을 위해 아무리 기도해도 그 때문에 반드시 성공이 따르지 못한다는 사실 등등을 통해 이미 눈치 챘겠지만, 이번 코로나19 확산 앞에서 신에게 빌어서 되는 것이 아니라는 것을 직접적으로 체감하게 되었다는 것이다.

기독교 계통의 어느 목사의 주장처럼 자기 교회 교인들은 '하나님'이 보호해주시므로 코로나바이러스에 감염되지도 않고, 비록 감염되더라도 성령의 불로 깨끗이 씻어 낫게 되리라고 장담했지만, 그 스스로도 감염되었듯이, 신이 그렇게 해주지 않는다는 것을 확인할 수 있었다. 심지어 교회에 모여 코로나바이러스를 물리쳐 달라고 합심 기도를 했는데, 놀랍게도 그 기도 모임 때문에 코로나가 더 확산되는 어이없는 결과를 보기도 한다. 불교계는 코로나 확산을 방지하기 위해 사찰을 일시 봉쇄하는 모범을 보였지만, 이것이 아이러니하게도 초자연적 힘이 코로나를 방지하는데 작용하지 않는다는 것을 신도들에게 각인시키는 결과를 가져왔을 수도 있다.

거듭 말하지만 코로나 바이러스는 손을 잘 씻느냐, 마스크를 하느냐, 사회적 거리 두기를 잘 지키느냐 하는 위생과 방역에 관계되는 문제이지 종교적 열성이나 기도와 관계되는 것이 아니라는 사실을 인정하지 않을 수 없게 되었을 것이다.

둘째, 인과응보 사상이 힘을 잃을 것 같다. 물론 내가 남에게 친절하면 대부분의 경우 남도 나에게 친절을 베풀고, 내가 남에게 해를 끼치면 남도 나에게 좋은 일을 해주기 꺼려한다는 의미에서의 '인과 응보'는 있을 수 있다. 그러나 나의 행위에 따라 초자연적인 어떤 힘이 나에게 응분의 상벌을 내린다는 뜻으로의 인과응보를 믿기가 힘들어진다.

코로나바이러스가 빈부격차나 남녀노소에 상관없이 모두를 위협하고 있다. 윤리적으로 선한 사람이든 악한 사람이든 가리지 않고 똑같이 위험에 처하고, 또 감염될 확률도 동일하다. 따라서 착한 사람은 그에 상응하는 상을 받고 악한 사람은 그에 따른 죄 값을 받는다는 율법주의적 상벌 사상도 흔들리게 된다. 사실 천박하게 이해된 대로의 인과응보 사상이 완전한 철칙이 아니라는 것은 지금까지도 경험적으로 대략 알고 있었다. 착한 사람이 경제적으로 잘 살지 못하고 오히려 악한 사람, 수단 방법을 가리지 않고 부정을 저지르는 사람이 오히려 더 잘 사는 경우가 대부분이라는 현실을 누구나 알고 있었기 때문이다. 독립군 후손들은 3대에 걸쳐 가난하고 친일매국노의 후손들은 3대를 거쳐 떵떵거리며 산다고 하는 사실이 이를 말해주는 일례라 할 것이다. 그러나 이제 코로나바이러스 사태를 보면서 통상적 인과응보나 율법주의적 상벌 사상이 먹혀들지 않는다는 것을 더욱 뼈저리게 느끼게 된 셈이다.

며칠 전 내가 잘 아는 분이 전화하면서 미국에 사는 자기 질녀 내외가 코로나19에 감염되어 병원에 입원했다고 전하면서 그 조카 내외가 예수를 믿는다고 하면서 식당 경영 때문에 주일 성수를 하지 않는 등 율법에 어긋나는 행동을 하다가 몹쓸 병에 걸렸다고 하면서 우리보고도 조심하라고 경고성 메시지를 전했다. 잘 아는 처지의 어른이라 대꾸를 할 수는 없었지만, 아무리 철저하게 주일 성수를 하고 교회에서 가르치는 대로 헌금도 잘하고 최선을 다해 계명을 지키는 사람이라도 병에 걸리는 것은 무엇으로 설명할 것인가? 보고 싶은 면만 보고 판단하는 우를 범하는 것이다.

인과응보, 상벌 사상이 희박해지면 사후 상벌 사상도 흔들릴 것이다. 인과응보로서의 천국 혹은 극락 지옥도 설득력이 더욱 떨어질 것이라는 뜻이다. 티베트 불교 지도자 달라이 라마도 그의 최근의 책 『종교를 넘어』에서 인간의 선행이나 악행에 따라 극락 지옥행을 말하는 불교의 전통적 가르침은 이제 '넘어서야 할' 대상이라고 했다. 미국에서 가장 인기 있는 신학자 중 한 명인 고(故) 마커스 보그(Marcus J. Borg,

1942~2015)의 경우도 종래까지의 기독교가 "천당/지옥(Heaven/Hell) 종교"였다면 이제 새로 등장하는 기독교는 이런 옛 패러다임을 청산하고 "변화(transformation)"를 강조하고 그것을 중심 목표로 하는 종교로 탈바꿈해야 한다는 것을 강조하고 있다.

심지어 비틀스의 존 레논 마저도 1971년에 발표한 그의 가장 유명한 노래 "이매진(Imagine)"을 "천국이 없다고 상상하라, 해보면 쉬운 일이다. 우리 밑에 지옥도 없다. 우리 위에는 창공이 있을 뿐(Imagine there's no heaven, It's easy if you try, No hell below us, Above us only sky...)이라는 노래 말로 시작한다. 그럼에도 불구하고 평신도들 사이에서는 아직도 이런 인과응보 사상이 힘을 발휘하고 있는 것이 현실이다. 서울 명동이나 심지어 인천 공항에서마저 "예수 천당, 불신 지옥"이란 글이 쓰인 팻말을 들거나 몸에 띠를 두르고 다니는 것이 이를 말해주고 있다.

여기서 불교 전통에서 배울 점이 있을 것이다. 한국 조계종의 창시자 지눌(知訥) 사상에 크게 영향을 준 당나라 승려 종밀(宗密, 780~841)은 그의 저술 『원인론(原人論)』에서 불교의 교의를 다섯 가지로 분류하고, 그 중 '인천교(人天敎)'를 제일 하급으로 취급했다. 인천교란 죽어서 사람으로 태어나느냐 천상에 태어나느냐 육도 중 어느 한 가지로 태어나느냐를 궁극 관심으로 삼는 태도를 말한다. 기독교 용어로 고치면 죽어서 천국에 가느냐 지옥으로 떨어지느냐가 종교의 궁극 관심이 된 형태의 종교적 태도를 말한다고 볼 수 있다. 종밀에 의하면 이런 인과응보적 태도는 '내 속에 불성이 있다'는 것을 깨달으라는 최고 제 5단계 '일승현성교'(一乘顯性敎)의 가르침과 너무 먼 율법주의적 가르침이라는 것이다.

　이처럼 평신도들 중에는 아직도 상당수 천당 지옥을 믿고 있을지 모르지만 현재 많은 종교지도자들이나 종교 사상가들은 천당 혹은 극락이나 지옥 사상을 문자 그대로 받아들이지 않고 있다. 이와 같은 기복신앙이나 인과응보 사상은 진지하고 성실한 초보 신도들의 신앙생활에는 어느 정도 도움이 되는 경우도 있겠지만, 종교가 이런 것만을 위한 것이라는 가르침에 몰입한다면 새로운 시대에 크게 어필하기 힘들 것이다. 이렇게 생각을 깊이 하는 사람들 사이에서 사라져 가던 기복신앙이나 인과응보 사상이 이번 코로나 사태로 일반 평신도들 사이에서도 더욱 강력한 직격탄을 맞게 되었다고 볼 수 있다.

　셋째, 이런 사상적 변화는 자연스럽게 신관(神觀)의 변화로 이어진다. 저 위 높은 보좌에 앉아 낮고 천한 저희 인생들을 굽어 살피시며 우주 전체의 흐름은 물론 각각의 사회와 개인의 생사화복을 주관하는 주재자로서의 신, 이른바 "관여하는 신(interventionist God)"이라는 개념이 설 자리를 잃어버린다. 선한 신, 인간에게 사랑을 베푼다는 신이 어찌 이렇게 몹쓸 병을 허락할 수 있는가? 더구나 그를 위해 세워진 성전에서 그를 굳게 믿고 함께 그를 찬양하고 그에게 기도하는데 그의 추종자들의 고통을 보고도 어찌 눈과 귀를 막고 못 본채하고 있을 수 있는가 하는 의문을 가지지 않을 수가 없다. 이런 유신론적 신관(theism)은 오래전부터도 도전을 받거나 거부되어 왔지만 이번 코로나 사태를 통해 이런 신관을 그대로 받아들일 수 없다는 것은 누구나 피부로 느낄 수 있는 현실이 되었다.

초월적 존재로서의 신을 상정하는 유신론적 신관이 도전을 받게 되는 또 다른 이유가 있다. 하버드 대학교 공중 정책 사회학 교수이자 전 '존 F. 케네디 School of Government'의 학장이던 로버트 푸트남(Robert Putnam)과 노트르담 대학 교수 데이비드 캠벨이 함께 펴낸 『미국의 은혜: 종교는 어떻게 우리를 갈라지게도 하고 뭉치게도 하는가, American Grace: How Religion Divides and Unites Us)』라는 책에서 "사람들은 교회나 유대교 회당이나 이슬람 모스크나 불교 절에 얼마큼 다른 사람들과 자주 모이느냐 하는 데 따라 그들의 사회성이 증가하고 거기 따라 더욱 이타적이 되려는 관심과 자발성이 증가한다."고 하고 종교적으로 헌신적인 많은 사람들이 자기들이 행하는 시민으로서의 미덕이 신의 뜻을 드러내는 것이라 설명하겠지만 사실 신을 믿느냐 하는 것이 중요한 것이 아니라 소속감이 중요한 문제라는 것이다. 현재 일 년 가까이 정기적인 종교 모임이 중단되어 신도들이 정기적으로 함께 모이지 못하고 집에 머무는 상태라면 이것이 습관화되어 정규 모임이 회복되더라고 그냥 집에 있는 습관이 계속될 수도 있다. 전문가들의 말에 의하면 습관이 고착되는 데는 2, 3개월이면 충분하다고 한다. 따라서 정규적인 모임이 없어지면 여러 가지 종교적 봉사 활동도 줄고 헌금이나 보시 액수도 줄어들 수밖에 없다. 그럴 경우 현재 많은 교회나 절이 문을 닫을 수밖에 없을 것이다. 더욱 놀라운 사실은 상당수 의학 분야 전문가들에 의하면 코로나바이러스가 언제 종식될지 모르는 것도 문제지만 앞으로도 이와 비슷한 종류의 바이러스가 계속 등장해서 코로나 이전과 같은 대면 접촉은 불가피하다고 보고 있다는 현실 인식이다.

일단 비대면 접촉으로 교회나 절에 정기적으로 나가는 일이 힘들게 되고, 교회나 절이 없어지면 물론 다른 교회나 절로 옮길 수도 있겠지만, 낯선 사람들과 다시 어울리어야 하는 일이 쉽지 않을 경우 전에처럼 그렇게 열심히 종교 생활을 하지 않고 그냥 집에 머물 확률이 크다.

기독교의 경우 교회에서 모두 모여 예배하는 것이 불가능해지면 예수님의 말씀처럼 특정 장소가 중요한 것이 아니라는 사실을 깨닫고 받아들이게 되리라 생각한다. 예수님이 "아버지께 참되게 예배하는 자들은 영과 진리로 예배할 때가 오나니 곧 이때라 아버지께서는 자기에게 이렇게 예배하는 자들을 찾으시느니라"(요한복음 4:23)고 했는데, 지금이야말로 다 함께 모여 예배하는 것보다 조용히 "영과 진리로 예배할 때"가 진정으로 이르렀다고 인정하지 않을 수 없을 것이다. 또 두세 사람이 모이는 곳에 예수님도 함께 하신다고 하지 않았던가. 불교도 지금처럼 일요일 정기 대중 법회에 모이는 것을 강조하는 대신 예전같이 필요할 때 절을 찾고, 혼자 조용히 예불하거나 참선이나 깊은 명상에 잠기는 것이 현실적이라는 자각에 이르게 되지 않을까 생각된다.

이럴 경우 언제나 듣던 일방적인 설교나 설법을 듣는 기회가 적어지고 전자 미디어를 통해 다양한 견해의 설교나 설법이나 강연에 접할 기회가 많아질 것이다. 그렇게 되면 지금까지 설교나 강론이나 설법으로 특정한 신관이나 세계관을 강요받고 있던 입장에서 벗어나 미디어를 통해 얻을 수 있는 새로운 정보와 함께 스스로도 여러 방면의 독서와 명상을 통해 자연히 눈이 내면을 향하게 되고, 그렇게 될 때 내 속에 나도 모르는 새로운 차원의 내가 있다는 사실을 어렴풋이 느끼기 시작할 것이다. 절대적인 존재가 저 위에 계시는 초월자로서만 이해되기보다 내 속에 내재(內在)하면서 나의 육체와 정신을 움직이고 계신다는 것을 자각하게 되는 것이다. 전통적인 용어를 쓰면 내 속에 신성(神性), 불성(佛性), 인성(人性) 혹은 도(道)가 있다는 것을 느낀다는 뜻이고 동학의 용어를 쓰면 시천주(侍天主)요, 현대적 용어를 쓰면 내가 내 속에 잠재력으로 가지고 있는 우주의 근원적 생명력이 움틀 거린다는 사실에 눈뜨게 된다는 뜻이다. 신의 초월만을 강조하는 'theism'과 대조적으로 신이 내재하기도 한다는 생각을 서양 용어로는 'panentheism'이라고 한다. '만유재신론(萬有在神論)' 혹은 '범재신론(汎在神論)'이라 옮긴다.

2. 윤리적 변화

상당수 근본주의 보수 그리스도인 지도자들은 초월적 신에 대한 유신론적 신앙이 없어지면 사회가 혼란해지고 윤리의식이 증발하고 만다고 여긴다. 예를 들어 미국 복음주의 변증론자로 유명한 윌리엄 레인 크레이그(William Lane Craig) 목사는 "윤리라는 개념은 신이 없으면 의미가 없어진다. 신이 없다면 옳고 그름이란 있을 수 없다"고 했다. 그러나 미국 성공회 스퐁 신부를 포함하여 상당수의 신학자들이나 사회학자들은 공공연히 "유신론의 종말(demise of theism)을 이야기하고 신에 대한 맹목적이고 무조건적인 신앙이 대개의 경우 윤리적으로 이익을 주기보다는 오히려 해롭다고 지적하고 있다. 왜 그런가?

첫째, 코로나바이러스의 근본 원인은 자연 파괴로 인해 서식지를 잃은 동물들이 인간 세계로 들어오면서 생기게 된 것이라는 사실을 새롭게 인식하게 되었다. 지금껏 서양을 중심으로 하던 기독교 사상은 창세기에 나오는 창조 이야기에서 신이 인간을 창조한 다음 그들에게 명하여 "생육하고 번성하여 땅에 충만하라, 땅을 정복하라, 바다의 물고기와 하늘의 새와 땅에 움직이는 모든 생물을 다스리라 하시니라."고 하는 말을 곧이곧대로 믿고 땅을 정복하고 물고기와 새들을 함부로 포획하는 일을 서슴지 않고 자행했다. 그 결과 땅과 바다와 공중에 오염이 극심한 지경에 이르렀고 이런 생태계와 환경 파괴 결과의 하나가 바로 코로나바이러스의 창궐이라고 보는 것이다. 이런 사실을 뼈저리게 느끼게 되면 신이 인간을 향해 "땅을 정복하라" "모든 생물을 다스리라"고 한 명령을 그대로 따르는 것이 불가능해지고, 자연히 자연에 대해 함부로 하는 대신 경외심을 가지고 대하게 될 것이다.

'경외심'이라고 하니 슈바이처 박사가 주장하는 "생명경외(Reverence for Life)"라는 말이 연상된다. 슈바이처 박사는 인간은 살려고 하는 의지에 둘러싸인 생명의지이기에 모든 생명이 가지고 있는 천부적 권리를 존중하여 함부로 해를 가하지 않아야 된다고 했다. 그는 아프리카 열대에서 의료사업을 하면서도 밤에 창문을 열지 못했다. 날파리들이 들어와 램프에 죽임을 당하는 것을 보고 참을 수가 없었기 때문이다. 수술을 할 때도 살아있는 세균을 죽여야 하는 것을 안쓰럽게 생각했다. 그러나 생명의 위계를 인정하고 더 낮은 형태의 생명은 더 높은 형태의 생명을 위해 희생하지 않을 수 없다는 생각을 했다. 농부가 소를 먹이기 위해 소 풀을 잔뜩 베어 집으로 가는 것까지는 소의 생명이 풀의 생명보다 귀하니 할 수 없지만, 그 농부가 가는 길에 무심코 길가의 풀을 뽑아 든다면 그것은 생명 경외에 위반된다고 보았다.

사실 슈바이처 박사의 생명 경외 사상은 인도에서 발생한 자이나교(Jainism)의 영향을 받았다. 자이나교는 심지어 길을 가다가 곤충을 밟아 곤충에 해를 끼칠까 하여 빗자루로 길을 쓸고 다니고, 숨을 쉬다가 무의식적으로 곤충을 삼키지나 않을까 하여 마스크를 쓰고 다닌다.

한국에서도 동학(東學)에서는 삼경(三敬)이라고 하여 하늘을 공경하는 경천(敬天), 사람을 공경하는 경인(敬人), 사물을 공경하는 경물(敬物)을 강조했는데, 이번 코로나 사태를 통해 이렇게 하늘과 사람뿐 아니라 동물, 식물, 무생물까지 아끼고 사랑하는 마음을 기르는 계기가 이르지 않을까.

특히 일부 기독교에서는 세상의 종말이 임박하여 곧 멸망하게 되었는데 환경 같은 것에 신경 쓸 필요가 무엇인가 하는 태도를 보이기 쉬운데, 이번 코로나 사태를 통해 종말이 오더라도 우선은 숨 쉬고 살아야 할 것 아닌가 하는 의식의 전환을 통해 자연과 환경에 더 큰 경외심을 가지는 계기를 발견하게 되었으면 한다. 이른바 종말론(eschatology)에서 생태학(ecololgy)에로의 전환을 의미한다. 그렇게만 된다면 코로나바이러스는 어느 면에서 위대한 일을 한다고 볼 수 있다. 마치 미세먼지의 피해를 몸소 경험하게 되면서 좀 더 많은 사람들이 환경문제의 심각성을 의식하게 되고 환경 보호에 그만큼 큰 관심을 가지게 되었다는 의미에서 미세먼지의 역할을 긍정적으로 보는 사람들이 있는 것과 마찬가지다.

둘째, 비대면 사회가 되면서 교회나 성당이나 사찰에 함께 모여 예배보거나 예불하거나 찬양 혹은 염불하는 일이 불가능하게 되었다. 이런 것을 계기로 기계적으로 정해진 형식에 따라 무의식적으로 종교의식에 참여하던 것을 일단 중지하고 한 발짝 뒤로 물러서서 나의 종교적 의식이나 행동 양태가 올바른가 한 번 점검해 보는 기회가 될 수 있을 것이다. 앞에서는 이런 내면적 성찰을 통해 내 내면에 존재하는 우주적 생명력을 감지하게 된다고 말했지만 여기서는 나의 종교적 행위나 판단이 옳은가 하는 윤리적 문제를 반추할 수 있는 계기가 될 수 있다는 점을 말하고 싶다.

특히 한국 기독교의 경우, 대부분이 이른바 근본주의 기독교인들(Fundamentalist Christians)이다. 물론 근본주의 그리스도인들 중 훌륭한 사람들이 있다는 것은 말할 나위도 없다. 그러나 이들 중 상당 부분은 교회에 가서 목사님의 말씀을 그대로 하느님의 계시라 생각하고 무비판적으로 받아들인다. 그 결과 사회에서 윤리적으로 바람직하지 못하다고 여겨지는 특성을 보이기가 십상이다. 예를 들어, 교회에서 듣는 말만으로 모든 것을 판단하기에 시각이 아주 편협해질 수 있다. 지성인으로서의 독립적 사고를 할 수 있는 능력이 증발된다. 자연히 옹고집과 독선적인 태도를 보이기도 하고, 일단 자기가 믿는 바와 다르게 믿는 사람을 보면 진리를 모르는 사람으로 취급하고 자기들이 그들보다 더 거룩하고 우월하다고 하는 교만한 태도를 보이기 십상이다. 영어로 하면 'holier than thou'의 태도다. 이와 함께 다른 이들을 어떻게든지 내가 믿는 대로 믿도록 해야 할 대상으로 생각하고 무리한 열성을 낸다. 비관용적이고 배타적일 수밖에 없다. 자기도 모르게 이렇게 된 경우, 이번 코로나 사태로 집에서 조용히 혼자 지내면서 특히 윤리적으로 나의 내적 상태가 그동안 어떠했는지 성찰하는 기회가 될 수도 있을 것이다.

한국 개신교에서 이런 내적 성찰을 통해서 특히 깨달아야 할 것이 있다면 같은 종교를 가진 사람이라면 무조건 감싸는 일을 저질렀고 지금도 저지르고 있다고 하는 사실이다. 이럴 경우 "네 이웃을 사랑하라"고 했을 때의 이웃은 오로지 같은 개신교 신자에 국한되는 이웃이다. 이명박 대통령 후보 시절 한국 보수교회에서는 전과 14범이지만 오로지 교회 장로라는 이유 하나로 장로 대통령을 만들어야 한다고 얼마나 열심이었는가. 그 장로 대통령이 온갖 불법과 탈법으로 점철된 삶을 살았을 뿐 아니라 대통령이 되고 나서도 13년간 계속 '다스'는 자기 것이 아니라고 거짓말을 일삼고 심지어 다스가 그의 것이라고 말하는 사람들에 대해 "새빨간 거짓말"이라는 거짓말을 했는데 이번 대법원에서 17년간 옥살이를 해야 한다는 선고를 통해 그의 실체가 드러나게 되었다. 한국 개신교는 이 일 하나만 가지고도 회개해야 할 것이다. 이번 코로나 사태가 이런 일상 속 신앙의 자세를 추스르는 계기, 새로운 깨달음을 얻는 기회가 되기 바란다.

참고로 미국 복음주의 개신교도 이 점에서는 마찬가지다. 2016년 미국 대통령 선거에서 백인 보수주의 기독교인 81%가 트럼프에게 몰표를 주었다고 한다. 2020년 대선에서도 이전과 마찬가지로 미국 근본주의 기독교인들의 절대다수가 트럼프를 찍었다고 한다. 비록 낙선하긴 했지만 4년간 어떤 종류의 대통령인가를 직접 경험하고서도 아직 그를 그처럼 많이 지지했다는 것은 상상을 초월하는 현실이다. 미국의 종교사회학자 필 주커먼(Phil Zuckerman)이 최근에 낸 『윤리적이 된다고 하는 것이 무엇을 의미하는가(What It Means to Be Moral)』(2019)에서 그는 미국 복음주의 근본주의자들의 이런 행태를 다음과 같이 통렬하게 비판하고 있다. 트럼프를 지지하는 미국 복음주의자들과 이명박을 지지하던 한국 복음주의자들이 얼마나 예수님이 제시한 윤리적 가치와 상관없이, 아니 정반대로 사고하고 행동하는지를 보여준다는 의미에서 좀 길지만 인용한다.

국가주의, 복음주의 트럼프 지지자들은 다른 미국인들보다 더 자주 교회에 출석하고, 성경은 하느님의 무오(無誤)한 말씀이라 주장하고, 예수님에게 가장 성심껏 헌신한다고 주장하는 사람들이다. 그럼에도 불구하고 분명한 역설적 모순은 이들은 말과 행동 모두에서 예수님이 외친 거의 모든 윤리적 교훈을 어긴 대통령 후보를 압도적으로 지지했다는 사실이다. 예수님은 하느님과 맘몬(재물)을 함께 섬길 수 없다고, 겸손하고 가난한 사람이 복이 있다고, 사랑과 자비를 베풀어야 한다고, 우리 중에 있는 멸시당하는 소수와 이민자들에게 우리의 마음과 문을 열어야 한다고, 진리가 우리를 자유롭게 한다고, 평화의 왕으로서 "칼을 가지는 자는 다 칼로 망하느니라"고 분명히 가르쳤는데, 종교적으로 열성인 미국 복음주의 그리스도인들의 압도적 다수는 이 말씀들을 다 외우고 있을 정도일 터인데도, 이들은 재물의 화신이요 겸손한 사람들을 조롱하고, 이기적이고 악의적이고, 부패하고 군국주의적이고, 가난한 사람들을 얼간이(moron)이라 비하하고, 인종주의적인 외국인 혐오를 부추기고, 민족주의와 부족주의를 진작시키고, 불쌍한 난민들에게 문을 닫고, 이민자들의 아이들을 그 부모로부터 갈라놓고, 권위주의를 부추기고, 진리를 비웃고 팩트를 경멸하고 총기 로비하는 자들을 사랑하는 공화당 대통령 후보 주위에 집결했다.

한국도 이런 것을 타산지석으로 삼고 새로운 기독교의 탄생을 보게 되었으면 한다. 며칠 전 어느 보수주의 교단 출신 정병선 목사가 "종교개혁 503주년을 맞는 심정"이라는 글을 페이스북에 올렸다. 한국 교회의 현실을 정확하고 적절하게 진단하고 앞으로 어떤 종류의 혁신이 필요한가 하는 것을 제시했다. 이 글도 좀 길지만 인용한다. 한국 기독교인이면 모두 귀담아 들어야 할 이야기라 여겨지기 때문이다.

다 알다시피 한국 교회는 지금 안녕하지 못하다. 하루가 멀다 하고 여기저기서 온갖 비난의 소리들이 터져 나온다. 교회가 돈의 포로가 됐다. 황금 우상을 섬기고 있다. 교회가 관료화 제도화 됐다. 심지어 교회 세습까지 하고 있다. 목사와 그리스도인의 윤리가 땅에 떨어졌다. 교회가 세상보다 못하다. 교회가 세상의 구원이기는커녕 세상의 짐이 되고 있다. 교회가 국가 개혁의 걸림돌이 되고 있다. 등등. ... 온갖 비난의 소리들이 터져 나오고 있다.

교회 안에서도 쉼 없이 교회 개혁을 외치는 소리들이 터져 나온다. 교회 안에서 발생하는 비리와 추문들을 견디다 못해 교회를 떠난 자들이 벌써 200만이 넘는다고 한다. 참 마음이 아프고 부끄럽다. 세상의 빛이요 소금이어야 할 교회가 세상의 짐과 조롱거리가 된 현실이 너무 아프고 부끄럽다. 하여 요즘 어디 가서 내가 그리스도인이요 목사라는 말을 차마 하지 못한다. 수치와 멸시의 똥바가지를 뒤집어 쓴 교회의 현실이 너무 참담하고 민망해서 끝내 그 말을 뱉지 못한 채 삼킨다.

한국교회는 교회 본연의 모습을 잃었다. 비루하게 추락했다. 본래의 모습을 기억해낼 수 없을 만큼.

비루하게 추락한 한국 교회는 개혁되어야 한다. 뜻있는 자들이 그동안 힘주어 외쳐왔듯 한국 교회는 개혁되어야 한다. 나도 부족하나마 저들의 대열에 서서 함께 교회 개혁을 외쳐왔다.

그런데 교회 개혁을 외쳐왔던 나는 지금 묻는다. 과연 교회를 개혁하면 교회로 설 수 있을까? 썩어 문들어진 부분을 도려내고, 허물어진 부분을 다시 세우면 교회로 설 수 있을까? 땅에 떨어진 윤리를 회복하면 교회로 설 수 있을까?

솔직히 나는 교회를 개혁하는 것으로 충분한 시대는 이미 지나갔다고 생각한다. 지금 이 시대가 어느 시대인가? 이 시대는 원자의 세계를 들여다보는 양자물리학의 시대, 빅뱅의 순간까지 거슬러 올라가는 천체물리학의 시대, 유전자까지 해독해내는 진화생물학의 시대, 정보와 문화가 세계화 보편화된 시대, 비대면 문화가 일반화되는 시대, 종교의 권위로 가로막았던 진실의 장막이 찢어진 시대다. 즉 이전 시대와는 세계관 자체가 다른 시대, 문명사적 전환기라고 할 만한 변화의 시대다. 이런 시대에 교회 개혁을 말한다? 솔직히 진부하기 짝이 없는 일이라고 생각된다. 죽은 아들 OO 만지는 짝이라고 생각된다.

그렇다면 뭘 해야 할까? 교회 개혁이 아니라 신학 개혁을 해야 한다고 생각한다. 교회는 자고로 신학의 아들이고, 교회는 언제고 신학의 아들일 수밖에 없으니까. 교회가 새로워지기 위해서는 반드시 신학이 새로워져야 한다고 생각한다. 지금 이 시대는 교회 개혁으로는 부족하고 신학 자체의 개혁이 요청되는 시대라고 생각한다.

사실 오늘 교회가 처한 곤경은 윤리적인 것 이전에 신학의 문제다. 오늘의 교회를 형성한 신학, 오늘의 교회를 지배하고 있는 신학의 문제다. 달리 말하면 오늘의 교회를 지배하고 있는 신학은 철저하게 중세와 근대의 세계관 위에 선 신학이라는 것, 즉 사람들의 세계관은 완전히 바뀌었는데 교회는 시대와 동떨어진 세계관 위에 선 신학에 붙잡혀 있는 것, 바로 이것이 오늘의 교회가 직면한 가장 심각한 문제요 곤경이다.

하여 나는 이 신학의 개혁 없이 교회 개혁을 외치는 것은 공염불에 지나지 않는다고 생각한다. 여기저기 구멍 난 곳을 때우는 땜질에 지나지 않으며, 땜질하는 것으로는 오늘의 교회가 직면한 위기를 극복할 수 없다고 생각한다. 지금 이 시대는 단순한 교회 개혁이 아니라 신학의 개혁, 기독교 자체의 개혁에 대해 말해야 하는 비상한 시대라고 생각한다.(2020년 10월 25일)

많은 한국 목회자들이나 신도들의 귀에 거슬리는 말일 수 있지만, 한국에 새로운 신학, 특히 옛 패러다임에 입각한 신관을 버리고 완전 새로운 신관을 갖춘 종교가 필요함을 강력히 주장하는 듯한 이런 발언을 두고 깊이 성찰할 필요가 있을 것이다.

3. 종교 아닌 종교

그러면 앞으로 어떤 종류의 종교가 나타나게 될까? 종래까지의 전통 종교가 완전히 없어지지는 않겠지만, 그래도 다른 형태의 영성을 추구하는 길을 모색하게 될 것이 분명하다. 앞에서 인용한 미국의 종교사회학자 필 주커먼은 『종교 없는 삶(Living the Secular Life)』이라는 그의 저서에서 한 가지 방법을 제시한다. 그에 의하면 땅을 뚫고 나오는 연약한 풀잎에서부터 광대무변의 우주의 움직임에 이르기까지 우리가 경험하는 모든 현상에 대해 신기함과 그 신비스러움에 놀라워하고 외경(畏敬, awe)의 마음을 가지므로 즐겁고 밝고 올바른 삶을 사는 것이 재래종교를 대신할 21세기에 바람직한 "종교 없는 삶"이라는 이야기를 한다. 그는 이런 '종교 아닌 종교'를 영어로 'Aweism'이라고 불렀다. 'awesome'할 때의 'awe'이다. 우리말로 '경외주의'라 할지 '외경주의'라 할지 모르겠는데, 일단 경외주의라 부르자. 아무튼 주커먼 교수의 경외는 우주에 가득 찬 신비에 놀라고 그 깊이에 감동하는 넓은 의미의 종교적 눈뜸이나 깨달음 같은 것을 이야기하고 있다고 볼 수 있다.

나는 이를 좀 더 실감나게 느낄 수 있도록 "Ahaism"이라 하고 싶다. 매 순간 우리가 접하는 사물의 더 깊은 면을 발견하면서 계속 "아하(Aha)!"를 외치는 경험이 오늘을 사는 우리들의 경험이 되고 이런 경험을 통해 삶이 더욱 윤택해지고 풍요로워지는 것이 아닌가 하는 생각에서다. 한 걸음 더 나아가 이런 경험을 확대하면, 뒤에서 언급하겠지만, 만물이 서로 어우러져 있다는 동류의식이나 연대의식으로 발전하여 서로가 서로를 존경하고 사랑하는 마음으로 승화될 수 있지 않겠는가 하는 것이다. 이렇게 확대해 보니 슈바이처 박사의 생명 경외와 맥이 닿는 것 같기도 하고 앞에서 언급한 동학의 삼경(三敬) 사상과도 통하는 것 아닌가 하는 생각도 든다.

며칠 전 이런 'Aweism'인가 'Ahaism'인가를 직접 경험했다. 캐나다 태평양 연안에 있는 밴쿠버 근교의 우리 동네에 조그만 실개천이 있는데 그리로 연어 떼가 올라오고 있는 모습을 보았기 때문이다. 넓어야 3,4미터 정도밖에 되지 않은 조그만 개울에 60~70cm, 크게는 1m정도 되는 연어 떼들이 계속해서 올라오는 것을 보고 정말로 놀라지 않을 수 없었다.

연어는 자기가 태어난 강에서 큰 바다로 나가 몇 년을 살다가 다시 자기들이 태어난 강으로 올라와 알을 낳고 일생을 마친다고 한다. 수컷은 암컷과 함께 올라와 암컷이 낳은 알이 부화되도록 하고 같이 죽는다. 그 넓은 바다에서 헤엄치며 살다가 어떻게 자기가 태어난 그 조그만 실개천을 찾을 수 있는지도 불가사의하고, 또 어떻게 개천으로 올라올 적절한 시기를 아는지도 놀라운 일이 아닐 수 없다.

연어가 강 하구에 오면 자기가 태어난 개울의 물 냄새를 알고 다시 찾아서 올라오는 것이라고 하는데, 물 냄새를 기억했다가 그 냄새에 따라 올라온다는 것 자체가 신기한 일이 아닌가. 그야말로 신묘막측(神妙莫測)이다.

어디 연어의 모천회귀(母川回歸) 현상뿐인가? 철새가 그 멀리 갔다가 다시 때가 되면 돌아오는 것, 겨울 동안 앙상한 가지가 죽은 것처럼 보이다가도 봄이 되면 파릇파릇 잎을 내는 것, 아기가 태어나는 것, 악기를 연주하는 사람들이 무아 상태에서 무의식적으로 손을 놀리거나 입으로 부는 것, 봄철 해질 무렵 뺨을 스치고 지나가는 산들바람과 그것을 느낄 수 있는 얼굴의 살갗, 물이 그 높은 나무 끝까지 올라가는 것, 등등. 양자물리학이나 DNA구조나 천체물리학 같은 깊고 오묘한 신비는 말할 것도 없고, 우리 주변에서 조금만 눈 여겨 보면 모든 것이 신기하고 묘할 뿐이다. 아니 숨쉬는 자체가 기적이다. 이런 것을 의식하고 관찰하고 신기해하는 것이 삶의 기쁨이고 보람이라 할 수 있을 것이다.

주커먼의 'Aweism', 나의 'Ahaism'을 페이스북에 소개했더니 서울대 철학과를 졸업하고 한신대학교에 가서 디트리히 본회퍼 연구로 신학박사 학위를 받고 그 이후 유영모, 함석헌의 '씨을' 사상을 깊이 연구하여 '씨을 사상 연구회'를 설립하고 씨을 사상을 널리 알리는 데 힘쓴 박재순 박사는 2020년 10월 28일 페이스북 댓글에서 "아하!?하며 깨닫고 감탄하며 경외하는 삶이 낡은 종교를 몰아내면 좋겠습니다."하고 평해

주었다. 이어서 "밖의 세계에 대한 경외, 아하!뿐 아니라 자아의 생명과 정신에 대한 경외, 아하!도 강조하면 좋겠습니다."고도 했다. 적절한 지적으로서 사실 이는 다음에 언급하려는 심층 종교의 차원까지 지적한 셈이다.

한 가지 덧붙이고 싶은 것은 만사를 신기해하고 거기에 경외심을 갖는다고 하여 "좋은 것이 좋다"는 식으로 모든 것을 그대로 받아들인다는 뜻이 아니라는 것이다. 무엇보다 우주의 편만한 신비를 가리거나 파괴하거나 왜곡시키려는 시도를 그대로 용납할 수는 없다. 나만 신기해하고 있으면 되는 것이 아니라 이 세상이 좀 더 살기 좋은 곳이 되기 위해서는 신기해함을 저해하는 흐름에는 의연하게 대처해야 하리라.

4. 심층을 찾으라

나는 주커먼의 주장에서 한 발짝 더 나간 것을 지적하고 싶다. 궁극적으로 무엇을 보고 신비스러워 해야 할까 하는 문제다. 모든 종교에 표층이 있고 심층이 있다는 것이 나의 평소 지론이다. 오늘날 젊은이들과 지성인들이 실망하고 종교에서 떠나는 것은 종교가 손가락의 역할을 하면서 가리키는 신비적인 면, 심층적인 면을 보지 못하고, 오로지 표층적인 면만 보면서 그것이 종교의 전부인가 오해하기 때문이라고 본다.

표층 종교와 심층 종교는 어떻게 다른가? 가장 중요한 몇 가지만 들면, 표층 종교는 지금의 내가 잘되기 위해 믿는 종교라면 심층은 지금의 나는 진정한 내가 아니라는 자각 아래 나의 내면을 들여다보고 나의 참 나를 찾고자하는 종교다. 표층 종교는 무조건적인 믿음을 강조하는 반면 심층 종교는 이해와 깨달음을 중요시한다. 표층 종교는 경전의 문자에 매달리는 문자주의라면 심층 종교는 문자 너머에 있는 속내를 꿰뚫어보려고 노력한다. 표층 종교는 절대자를 나의 밖에서만 찾으려 한다면 심층 종교는 나의 밖에서 뿐만 아니라 내 안에서도 찾는다. 표층 종교는 모든 사물이 서로 분리되어 있다고 믿는 반면 심층 종교는 모든 것이 서로서로 연결되고 의존되어 있고, 근본적으로는 '하나'라고 믿는다.

3부
심층을 찾으면?

위에서 심층 종교의 특징을 몇 가지 들었는데, 이번 코로나 사태로 재래의 표층 종교가 그 유효기간이 다 한 것으로 보이는 상황임을 감안하면 이제 심층 종교의 가르침을 살펴보고 거기서 새로운 깨달음을 얻을 필요가 있을 것 같다. 이렇게 될 때 전통적인 종교도 한층 심화되어 많은 사람들에게 영적 갈증을 없애주는 역할을 효과적으로 할 수 있을 것으로 믿는다. 이제 심층 종교에서 말해주는 교훈 몇 가지를 논의해보기로 한다.

1. 참 나를 찾음

첫째, 앞에서 심층 종교의 가장 큰 특징은 지금의 나를 죽이고 참 나를 찾는 것이라고 했다. 이것은 나의 진정한 나를 찾는 일이다. 소크라테스에 의해 널리 알려진 "네 자신을 알라."는 것이다. 이 말은 기독교

복음서 중 하나지만 정경에 포함되지 않은 『도마복음』에도 똑같이 "그대 자신을 아십시오"라고 하고 이어서 "모든 것을 아는 사람도 자기를 알지 못하면 아무 것도 모르는 사람"이라고 했다. 나 자신의 지금 상태를 감식하고 나아가 내 속에 있는 무한한 신적 가능성을 인지하여 참된 자유를 얻으라는 것으로, 이것이 대부분의 심층 종교가 오늘을 사는 현대인들에게 주는 중요한 메시지라 할 수 있다. "나는 누구인가" 심각히 반추해야 할 문제라는 것이다.

앞에서 언급한 말을 다시 말하지만, 심층 종교는 이처럼 지금의 나를 불완전한 것으로, 심지어 허상으로까지 인지하고, 지금의 나를 넘어서, 혹은 극복하고 '새로운 나', '큰 나(大我)', '참 나(眞我)'로 거듭남을 강조하는 종교라 할 수 있다. 한국의 종교사상가 유영모 선생의 용어를 빌리면 표층 종교는 '제나'를 위한 것이고 심층 종교는 '얼나'를 지향하는 것이다.

세계 여러 종교들을 깊이 들어가 보면 모두 제나에 죽고 얼나로 다시 살아나는 종교적 '죽음과 부활'을 이야기하고 있다. 어느 종교학자의 말과 마찬가지로 종교의 핵심은 이런 '궁극 변화(transformation)를 가능하게 하는 수단'이라 할 수 있다. 이기심으로 가득 찬 지금의 나는 진짜 내가 아니므로 이를 부정하고 새롭고 참된 나를 찾으라고 하고, 그렇게 할 수 있는 길을 가르쳐 주는 것이 세계 주요 종교들 모두에게서 찾아볼 수 있는 기본 가르침이다.

이번 기회에 각 종교의 심층에서 말하는 '나'에 대한 진단과 나를 부정하고 얻을 수 있는 참 나가 무엇인지에 대한 가르침을 살펴보기로 한다. 사실 이런 가르침은 종교에서 뿐 아니라 영국의 유명한 역사가 아놀드 토인비(Arnold J. Toynbee, 1889-1975)같은 사람마저 주장하는 것이기도 하다. 우선 그의 말부터 들어본다.

> "종교라 했을 때 내가 뜻하는 것은 우주를 초월하는 영적 임재와의 관계에 들어감으로써, 그리고 우리의 의지를 그것과 조화시킴으로서, 개인과 단체에서 자기중심주의를 극복하는 것이다. 이것이 평화를 위한 유일한 열쇠라고 생각한다."

토인비가 말하는 종교의 의미와 오늘 우리 주위에서 흔히 볼 수 있는 신도들의 종교 인식 사이에 얼마나 큰 괴리가 있는가? 어느 면에서 종교란 우리의 자기중심적 욕심 때문에 실재를 있는 그대로 볼 수 없는 상태에서 욕심을 줄여 실재를 있는 그대로 볼 수 있는 상태로 옮겨 가려는 노력이라 해도 좋을 것이다.

지금부터 이런 대전제를 중심으로 하여 세계 중요 종교에서 '나'의 문제를 어떻게 가르치는가, 지금의 나를 극복하고 새로운 나로 변화하는 길이 무엇이라고 하는가 하는 것을 살펴보고 코로나 사태를 계기로 이런 문제에 대한 관심이 촉발되었으면 하고 기원해 본다. 우리 스스로를 위해서도 종교에서 이런 면이 중요하다는 것을 깨닫는 인식의 변화를 촉진시키는데 도움이 될 수 있었으면 한다. 여기서 모든 종교를 다 섭렵할 수는 없고 '나'의 문제를 특별히 이야기하고 있는 종교로 힌두교, 불교, 유교, 기독교, 동학을 중심으로 간략하게 생각해보기로 한다.

힌두교

힌두교는 베다(Veda)경을 하늘의 계시로 받아들이는 인도의 종교다. 힌두교 전통 중에서 '나'의 문제를 가장 본격적으로 다루고 있는 경전은 기원전 9~7세기에 나타난 『우파니샤드』라고 할 수 있다. 그 이전에 기도나 제사를 중요시하던 것과는 달리 우파니샤드에서는 깨달음을 강조하고 있다. 무엇을 깨달으라는 것인가? 우주의 근본인 브라흐만(Brahman, 梵)을 깨달으라는 것이다. 그러나 단순히 브라흐만을 깨닫는 것만으로는 부족하다. 내 속에 브라흐만이 있는데 그것이 나의 참나인 아트만(ātman)이고 이 아트만이 바로 브라만과 하나라는 것, 이른바 '범아일여(梵我一如, 타트밤아시)'를 깨닫는 것이 깨달음의 완성이라 본 것이다.

힌두교에서 가장 영향력이 큰 문헌은 『바가바드 기타』다. 이 문헌에서는 신애(信愛, bhakti)를 강조하는데, 내가 어느 신을 선택하고, 그 신에 대한 절대적인 사랑과 헌신을 통해 지금의 나 자신을 잊어버리고 신과 하나된 새로운 나로 탄생하는 것을 목적으로 한다. 이 문헌에 등장하는 크리쉬나 신은 "신애로서 나를 공경하는 사람들, 그들은 내 안에 있으며 나 또한 그들 안에 있다."고 선언한다. 신에 대한 절대적 헌신은 지금의 나를 변화시켜 새로운 나로 탄생하게 하는 수단이 됨을 말해주고 있다고 하겠다.

"바가바드 기타"의 경우 여러 신들을 인정하지만 그중 한 신에게 전적으로 헌신하는 종교적 자세를 단일신론(單一神論, Henotheism)이라 하는데, 이것도 일종의 유신론이지만 이상적으로 말하면 이렇게 자기가 헌신하는 신을 이용해서 현세에서 잘 살겠다는 욕심보다는 자기를 그

신에게 완전히 바쳐 지금의 자기가 없어지고 새로운 형태의 자기를 찾는 것이라 볼 수 있다.

불교

세계 주요 종교에서 모두 무아(無我)의 사상을 이야기하고 있지만, 그래도 그것을 가장 힘 있게 강조하는 종교는 불교라 할 수 있다. 기원전 6세기 지금의 네팔에서 태어나신 부처님은 29세에 출가하여 6년 정도 수행을 하다가 35세 경 큰 깨달음을 얻었다. 큰 깨달음을 얻은 사람을 '붓다(Buddha)', 한국말로 부처, 불타(佛陀), 혹은 불(佛)이라고 하고 이런 깨달음을 얻는 것을 성불(成佛)한다고 한다.

부처님이 성불하시고 그와 함께 고행하던 다섯 친구를 찾아가 그 깨달은 바를 처음으로 설하신 것이 사제팔정도(四諦八正道), 곧 '네 가지 진리와 여덟 겹의 길'이라는 것이다. 고집멸도(苦集滅道)의 네 가지 진리란, 삶이 아픔이라는 것, 그리고 그 아픔은 욕망과 집착에서 온다는 것, 이런 원인을 없애므로 고요를, 혹은 니르바나[涅槃]의 경지를 얻을 수 있다는 것, 그 원인을 없애는 길이 있다는 것에 대한 가르침이었다. 이 설법 후에 곧바로 이어서 가르치신 것이 무아(無我, an tman)의 진리였다. 영어로 'no-self doctrine'이라고 한다.

부처님 당시 인도 사회는 우파니샤드의 영향으로 절대자 브라흐만과 동일하다고 하는 아트만[자아]을 너무 강조하는 바람에 우리의 참나 아트만이 아니라 이기적인 지금의 아트만을 절대화하는 경향이 있었다. 부처님은 이렇게 잘못 이해된 아트만, 이런 껍데기 아트만에 집착

하는 자기 중심주의적 사고가 모든 말썽의 근원이라 보고 아트만은 없다는 '무아'를 설파했다. 힌두교에서 지금의 내가 영원불변의 아트만이라는 주장은 우선 이론적으로 어불성설이라고 보았다. 사람은 이른바 오온(伍蘊), 즉 물질(色), 감정(受), 생각(想), 충동(行), 의식(識)의 다섯 가지 구성요소로 이루어졌는데, 어디에 영원불변의 독립적 개체로서의 아트만이 있을 수 있겠는가 하는 것이었다. 또 만사가 연기(緣起)로 서로 의존하고 서로 관계 맺고 있는 현실 세계에서 독립적인 자아, 영원한 아트만이 있을 수 없다고도 하였다. 사실 이 무아의 가르침은 형이상학적 이론이기보다 비뚤어진 욕심과 이기심을 수정하기 위한 윤리적 요청에서 나왔다고 보아야 할 것이다.

이처럼 비교적 단순한 불교의 초기 가르침은 긴 불교 역사를 통해 변화를 거듭하였다. 특히 선(禪)불교에 이르러서는 우리는 모두 불성(佛性, Buddha-nature)가지고 있는데, 참선이나 기타 의례를 통해 탐욕과 미움과 어리석음이라는 탐진치(貪瞋癡) 삼독(三毒)으로 찌든 지금의 이기적인 나를 없애고 내가 곧 불성을 지닌 부처님이라는 나의 진정한 정체성을 깨닫는 것이 수행의 목표가 되었다.

특히 주목할 만한 것은 12세기 중국 송나라의 곽암(郭庵)이란 임제종 선사가 그린 십우도(十牛圖)라는 것이 있다. 1 심우(尋牛, 소를 찾아 나섬), 2 견적(見跡, 자취를 봄), 3 견우(見牛, 소를 봄), 4 득우(得牛, 소를 얻음), 5 목우(牧牛, 소를 길들임), 6 기우귀가(騎牛歸家, 소를 타고 집으로 돌아옴), 7 망우존인(忘牛存人, 소는 잊고 사람만 남음), 8 인우구망(人牛俱忘, 사람도 소도 다 잊음), 9 반본환원(返本還源, 근원으로 돌아옴), 10 입전수수(入 垂手, 저잣

거리로 돌아가 도움의 손을 드리움)이라는 열장으로 이루어진 이 소 그림에서는 어느 목동이 소를 찾아 나서서 결국은 소를 찾고 다시 시장 거리로 나가 사람들에게 도움의 손길을 편다는 이야기인데, 여기서 소를 찾는다는 것은 자기의 진정한 자기, 참 나를 찾는 것을 말한다.

십우도를 풀이한 책은 한국말이나 영어로 된 것이 많은데, 이번 10월에 필자와 성소은 님이 공동으로 『나를 찾아가는 십우도 여행』(출판사 판미동, 2020)이라는 책을 냈다. 그림을 현대 감각이 나는 새로운 화법으로 그려 불교인들 뿐 아니라 '나'라는 것이 무엇인가 알아보려는 사람들에게 도움이 될 수 있을 것으로 믿는다.

유교

기원전 6세기의 공자님은 소인(小人)에서 벗어나 군자(君子)가 되라고 가르쳤다. 군자가 되기 위해서는 인(仁)을 비롯하여 여러 가지 덕목을 갖추어야 하겠지만 무엇보다 의(義)의 사람이 되어야 한다고 했다. 의란 어떤 행동이 나에게 이익을 주느냐 해를 주느냐 하는 손익을 따지지 않고 오로지 의로운 것이라면 그대로 감행하는 태도를 말한다. 보통 소인은 어느 것이 내게 이(利)가 되는가 따져서 이가 되는 쪽으로만 행동하는데 의는 이와 대조되는 행동이다. 공자님 스스로 "군자는 의에 밝고 소인은 이에 밝다(君子喩於義 小人喩於利)"(논어 14:41)고 했다.

맹자님은 인간의 본성이 본래 선하지만 여러 가지 환경 때문에 우리의 선한 본성을 그대로 발휘하지 못하고 있는데, 우리가 태어날 때 생래적으로 가지고 태어난 사단(四端)을 최대로 발휘하면 성인(聖人)이 될 수 있다고 했다. 사단이란 네 가지 잠재적 능력으로서, 측은히 여기는 마음(惻隱之心), 자기의 실수를 미워하고 부끄러워하는 마음(羞惡之心), 양보하는 마음(辭讓之心), 옳고 그름을 가리는 마음(是非之心)으로 이 생래적 잠재력의 계발을 극대화하면 인의예지(仁義禮智)를 갖춘 성인(聖人)의 경지에 이를 수 있다고 보았다.

유교 경전으로 『대학(大學)』이라는 것이 있다. 인간이 변화되어 가는 여덟 단계의 과정을 가르쳐주고 있다. 처음 사물을 궁구함(格物)에서 시작하여 앎을 극대화함(致知), 뜻을 성실히 함(誠意), 마음을 바르게 함(正心), 인격을 도야함(修身), 집안을 꾸밈(齊家), 사회를 지도함(治國), 세상에 평화를 가져옴(平天下)이다. 신유학(新儒學)은 처음 단계인 사물을 궁구한다는 격물(格物)의 해석을 놓고 이학(理學)파와 심학(心學)파 두 갈래로 갈라지는데, 주자(朱子, 1130~1200)로 대표되는 이학파는 사물에 일관되게 흐르는 이(理)를 찾는 것이라 주장하고 육상산(陸象山)과 왕양명(王陽明)으로 대표되는 심학파는 '내 마음이 곧 이'(心卽理)라고 하여 내 마음을 살피는 것이라고 했다. '이(理)'이든 '심(心)'이든 오랜 기간 깊이 궁구하면 어느 순간 '밝음(明)'이나 깨침에 이르게 되고 이런 경지에 이른 사람이 사회와 세계에 크게 기여할 수 있는 '성인(聖人)'으로 거듭나게 된다고 하였다. 플라톤의 동굴 비유에서 사슬에 묶인 채 동굴에 갇혀 동굴 벽에 비쳐지는 그림자만 보고 살아야 하는 사람들 중 한 명이 사슬을 끊고 동굴 밖으로 나와 실재의 세계를 봄으로 지도자가 된다는 이야기를 연상하게 한다.

기독교

기독교는 현재의 자아가 부족함을 예리하게 통찰하고 지금의 내가 바뀌어야 함을 강조한 종교라 할 수 있다. 예수님은 자기의 봉사 생활을 시작할 때, "회개하라 천국이 가까웠느니라"(마 4:17)는 선언으로 시작하였다. 여기서 '회개'라는 말은 그리스말로 '메타노이아'로서, 원문의 문자적 의미에 의하면, 지금까지 내가 지고 있던 자의식을 비롯한 모든 '의식을 완전히 바꿈'이라는 뜻이었다. 근본적인 내면의 변화를 의미한다.

예수님은 또 밤에 자기를 찾아온 유대인 지도자 니고데모에게 "진실로 진실로 네게 이르노니 사람이 거듭나지 아니하면 하나님의 나라를 볼 수 없느니라"(요 3:3)고 했다. 지금의 나를 벗고 새로운 나로 거듭나야 함을 단적으로 표현한 말이라 할 수 있다.

더욱 직접적인 언급은 그의 제자들에게 언급한 말씀이다. "누구든지 나를 따라오려거든 자기를 부인하고 자기 십자가를 지고 나를 따를 것이니라 누구든지 제 목숨을 구원하고자 하면 잃을 것이요 누구든지 나를 위하여 제 목숨을 잃으면 찾으리라"(마 16:24-25). 예수를 따르려는 것의 전제 조건은 지금의 나를 부인하고 내가 내 십자가를 지는 것이다. 영어로 'self-denying', 'self-naughting', 'self-emptying', 'self-negating' 등이다. 독일 신학자 본회퍼(Dietrich Bonhoeffer)가 말하는 '제자 됨의 값(cost of discipleship)'을 치른다는 뜻이다. 은혜란 거져 주어지는 것이지만 싸구려(cheap)는 아니라는 것이다. 소문자 '자기(self)'를 구하고자 하면 대문자 '자기(Self)'를 잃을 것이요 소문자 'self'를 잃어야 대문자 'Self'를 찾게 된다는 종교적 역설이다.

기독교 제 2의 창시자라고도 할 수 있는 바울도 그의 편지서 여러 곳에서 지금의 나에서 새로운 나로 변화될 것을 강조하고 있다. 그 대표적인 예로 "그런즉 누구든지 그리스도 안에 있으면 새로운 피조물이라 이전 것은 지나갔으니 보라 새것이 되었도다"(고후 5:17). "내가 그리스도와 함께 십자가에 못 박혔나니 그런즉 이제는 내가 사는 것이 아니요 오직 내 안에 그리스도께서 사시는 것이라"(갈 2:20). "할례나 무할례가 아무것도 아니로되 오직 새로 지으심을 받는 것만이 중요하니라"(갈 6:15). 옛날의 나는 지나가고 '새로운 피조물'이 되는 것, '내가 그리스도와 함께 죽는 것,' '새로 지으심을 받는 것'이 기독교 신앙의 절대적 핵심임을 강조하고 있는 셈이다. 중세 기독교 신비주의 사상가들도 지금의 나를 정화시키고 조명의 단계를 거쳐서 신과 하나 되므로 결국 신이 되는 것(神化, deification)을 목표로 삼았다.

동학

동학(東學)은 수운(水雲) 최제우(崔濟愚, 1824~1864)에 의해 창시된 우리나라 종교다. 동학은 초월자로서의 '한울님'을 인정하지만 이 한울님이 내 속에도 있어 내가 그 한울님을 내 속에 모시고 있다는 시천주(侍天主) 교리와 내 속에 있는 한울님이 곧 나라는 인내천(人乃天) 사상이다. 내 속에 한울님이 계시고 내가 한울님이니, 이제 제사를 지낼 때도 종래까지처럼 벽을 향해 제사상을 차리던 향벽설위(向壁設位)가 아니라 나를 향해 차린다는 향아설위(向我設位)를 주장했다. 동학에서 더욱 의미심장한 것은 한울님이 내 속에만 계시고, 나만 한울님이 아니라 이웃

속에도 한울님이 계시고 이웃도 한울님이니 이웃을 한울님처럼 섬기라는 사인여천(事人如天)의 강력한 윤리강령으로 발전되었다는 것이다. 동학의 이런 신관은 역사적으로 많은 종교 사상가들이나 심층 종교에서 가르치는 '범재신론'에 가까운 가르침이라 할 수 있다.

이상으로 몇 종교에서 지금의 나를, 제나를, 소아(小我)를 완전하지 못한 나로 보고 이 나를 벗어나서 '새로운 나'를, '얼나'를, '대아(大我)'를, '진아(眞我)'를 찾아야 한다는 것에 대한 가르침을 일별해보았다.[1]

"장자"의 용어로 "내가 나를 여읨(吾喪我)"으로 이런 변화가 가능하다는 분명한 가르침에도 불구하고 일반적으로 보통의 사람들은 이기심으로 가득한 지금의 나 외에 또 다른 차원의 내가 있다는 사실을 의식하지 못하고 살아간다. 자연히 삶은 마치 윤활유가 없이 돌아가는 톱니바퀴처럼 뭔가 삐걱거린다는 기분을 가지기 마련이다. 풍요로운 삶이 아니라 각박하고 메마른 삶일 수밖에 없다.

이런 삶에 변화가 있어야 한다는 것을 일깨워주고 '참 나'를 찾으므로 얻을 수 있는 자유의 길을 제시하는 것이 심층 종교의 본래적 사명이다. 그러나 현재 대다수의 종교인들은 천박한 표층 종교의 가르침에 따라 세상적 이익을 추구하느라 무엇이 문제인지조차도 모르고 살아가는 것이 현실이다. 이럴 경우 우리에게 필요한 일은 무엇인가. 우리 스

---

[1] 이상 각 종교에서 제시하는 '나'에 대한 가르침은 앞으로 나올 출판사 김영사의 『메거진 G』에 나올 필자의 글 일부를 수정을 거쳐 인용한 것임을 밝힌다.

스로의 내면을 들여다보는 것, 우리의 벌거벗은 모습, 우리의 민낯을 보는 것이다. 바로 내가 진정으로 누구인가를 발견하는 일이다. 이런 일을 다른 말로 표현하면 "의식의 변화(transformation of consciousness)"라 한다.

대부분의 심층 종교의 가르침에 의하면 이런 의식의 변화를 통해 나의 내면적 실상을 통찰하게 되면 나와 절대자가 하나임을 발견하게 되고 나와 절대자가 하나이기 때문에 나와 나의 이웃, 나아가 우주 만물과도 하나라는 것을 체감하게 된다고 한다. 이럴 때 갖는 체험이 전통적으로 모든 것이 하나라는 만유일체(萬有一體), 조그만 차별이나 균열도 없이 하나라는 혼연동체(渾然同體), 모두가 하나로 돌아감이라는 동귀일체(同歸一體), 모두가 하나이기에 모두의 아픔을 함께 아파한다는 동체대비(同體大悲), 근원과 현상이 거침없는 관계를 맺고 하나라는 이사무애(理事無礙), 현상과 현상이 거침없는 관계를 맺고 하나라는 사사무애(事事無礙)라 한다.

앞에서 언급한 것처럼 코로나 바이러스로 인한 대면 접촉의 어려움, 일방적 설교에서 벗어남 등을 통해 조용히 앉아서 우리 스스로 자성하는 힘을 기름으로 이런 우주 만물의 어울림에 눈 돌리고 나아가 이를 체감할 수 있게 도와준다면 코로나 사태는 그야말로 전화위복(轉禍爲福)이라 할 수 있지 않겠는가? 이제 만물이 어울려 있음에 대해 좀 더 이야기해보자.

2. 어울려 있음의 우주

심층 종교에서 강조하는 것 중 하나는 만사가 서로 연관되어 있다는 사실이다. 일례로 중국의 노자(老子)가 지었다고 알려진 "도덕경" 제2장에 이런 상대적 세상을 다음과 같이 읊고 있다.

> 세상 모두가 아름다움을 아름다움으로 알아보는 자체가 추함이 있다고 하는 것을 뜻합니다.
> 착한 것을 착한 것으로 알아보는 자체가 착하지 않음이 있다는 것을 뜻합니다.
> 그러므로 가지고 못 가짐도 서로의 관계에서 생기는 것,
> 어렵고 쉬움도 서로의 관계에서 성립되는 것,
> 길고 짧음도 서로의 관계에서 나오는 것,
> 높고 낮음도 서로의 관계에서 비롯되는 것,
> 악기 소리와 목소리도 서로의 관계에서 어울리는 것,
> 앞과 뒤도 서로의 관계에서 이루어지는 것"

미추, 선악, 유무, 난이, 장단, 고저 등이 모두 상호 관계에서 이루어지는 개념이라는 것을 일깨워주고 있다. 모두가 상대적이라는 말은 '길다' '짧다'하는 것은 독립적인 단독 개념이 아니라 서로의 관계에서 파생되는 상대 개념이라는 뜻이다. 길다고 하는 것은 짧은 것이 있을 때 가능하다. 또 동일한 사물도 길다고 하지만 그것도 그보다 더 긴 것이 있으면 짧아지기도 하고 짧다고 하는 것도 그보다 더 짧은 것이 있으면

길다고 한다.

이렇게 사물이 서로 연관되어 있고 서로 의존되어 있다고 하는 것을 가장 심도 있게, 그리고 조직적으로 가르치고 있는 종교는 불교라고 할 수 있다. 불교에서 가장 중심적이고 자랑스러운 가르침 중 하나는 화엄종(華嚴宗)에서 가르치는 법계연기(法界緣起) 사상이다. 우주 만물이 서로서로 연결되고 의존된다는 가르침으로, 영어로 'interrelatedness, interdependence'의 가르침이라 할 수 있다. 이번 코로나 사태 이후 평신도들도 특정 교리를 생각 없이 무조건적으로 받아들이는 대신 이런 심오한 가르침에 눈 돌리게 되기 바란다.

상수도가 없으면 하수도가 있을 수 없지만 하수도가 없어도 상수도가 있을 수 없다. 출발이 없으면 도착도 없지만 도착이 없으면 출발도 없다. 계곡이 깊은 것은 산이 높기 때문이지만 산이 높은 것도 계곡이 깊기 때문이다. 음(陰)이 없으면 양(陽)도 없고 양이 없으면 음도 없다. 이런 쌍들은 서로 배타적이나 반대가 아니라 상보적(complementary)이라는 것이다. 쉬운 말로 이것이냐 저것이냐 하는 '냐냐주의(either/or)'가 아니라 이것도 저것도 하는 '도도주의(both/and)'다. 거창한 용어로 하면 라틴말로 'coincidentia oppositorum'(대립의 일치, harmony of the opposites)라 한다.

또 다른 예를 든다. 우리가 먹는 밥이 있기 위해서는 벼가 있어야 하고 벼가 크기 위해서는 땅도, 물도, 공기도, 해도, 시간도 있어야 한다. 벼를 기르는 농부도 있어야 하고 농부의 부모와 조상도 있어야 하고, 그들이 사용하는 농기구가 있어야 하고 농기구를 만드는 대장간 사람도, 쇠붙이를 품고 있는 광산도 있어야 하고, 쇠붙이를 캐내는 광부도 있어야 하고, 쇠붙이를 녹이는 불도 있어야 하고... 끝이 없다. 그렇게 보면 쌀 한 톨 속에 온 우주가 다 들어있다고 말할 수 있다. 일미진중함시방(一微塵中含十方)이라 한다.

좀 복잡한 예 한 가지만 더 든다. 문이 없으면 완전한 집이 성립되지 않는다. 반대로 집이 없으면 물론 문이라는 것도 무의미하다. 문과 집은 서로 연관되어 있다. 마찬가지로 창문이 없으면 집이 없고 집이 없으면 창문도 있을 수 없기에 문과 창문도 연결되어 있고 서로를 품고 있다. 화엄에서 쓰는 말로 '상(相入, interpenetration)' '상즉(相卽, mutual identification)'이요, '이사무애(理事無礙) 사사무애(事事無礙)'다.

이와 비슷한 안목을 지닌 서양 사상가들도 많다. 그 중에 우리에게 익숙한 이는 영국의 시인 겸 성직자 존 던(John Dunne, 1572-1631)이다. 그의 유명한 『명상록』의 일부는 세계가 서로 얽혀 있음을 그대로 말해주고 있다.

> 누구도 외딴 섬일 수 없는 것
> 모두 대륙의 한 조각, 본토의 일부일 뿐
> 한 줌의 흙덩이가 바닷가에서 씻겨 나가면
> 유럽이 그만큼 작아지는 것
> 뾰족 내민 땅[岬]이나
> 그대 친구들 혹은 그대 자신의 장원이 없어져도 마찬가지
> 어느 한 사람이라도 죽으면

그것은 그만큼 나를 줄이는 것

나는 인류의 한 부분이기에

그러므로 결코 묻지 말지라. 누구를 위하여 종은 울리는가고.

그것은 그대를 위한 조종(弔鐘)이기에

헤밍웨이의 소설로서 게리 쿠퍼와 잉그리드 버그만 주연의 영화, 『누구를 위해 종이 울리나』도 이 글에서 나온 제목이다. 조종이 울리면 어느 누군가를 위한 조종이겠지만 사실 나와 그 사람은 서로 연결되어 있기에 그것은 나를 위한 조종이기도 하다는 것이다. 이른바 상식의 세계관, 분별의 세계관에 기초한 표층 종교의 세계관을 초탈하고, 이런 신비스러운 세계의 진실을 깨닫게 되면 나 혼자 잘났다고 독불장군처럼 거들먹거릴 수가 없다. 더욱 중요한 것은 우리 모두가 서로 연결되었다는 사실을 알면 이웃의 아픔이 나의 아픔이 된다. 영어로 자비를 뜻하는 'compassion'은 '아픔을 같이 한다(com-passion)'는 뜻이다. 코로나 기타 문제로 어려움을 겪는 이웃과 고통을 같이 하는 것을 실천할 수 있다. 예수님의 권고처럼 내가 대접받기 원하는 대로 이웃을 대접한다거나(마 7:12), 공자님 말씀처럼 '내가 원하지 않는 것은 남에게도 하지 않는 마음(己所不欲 勿施於人)'이 생기게 된다. 이렇게 되면 궁극적으로 사회를 위해 헌신하는 봉사 정신의 실천이 가능하게 되기 마련이다.

3. 이웃 종교와의 새로운 관계

앞에서 종교가 심층화되면 발견하게 되는 것 중 하나는 경전을 문자적으로 받아들이면 안 된다는 사실이라 지적했다. 이른바 '문자주의(literalism)'에서 해방되는 것이다. 사실 '근본주의(fundamentalism)'나 '문자주의'는 같은 것이다. 기독교 근본주의가 주장하는 근본 원칙 중 하나는 성서를 문자 그대로 받아드린다는 것이다. 이른바 '성서 무오설(無誤說)'이다. 성서에 우주가 6일 만에 창조되었다고 적혀 있으면, 혹은 노아 홍수가 세계를 휩쓸고 노아 식구 8명과 짐승들만 방주에서 살아남았다고 했으면, 혹은 죽은 나사로를 살리셨다고 했으면 무조건 그것을 문자 그대로 역사적, 과학적 사실이라고 믿어야 한다는 주장이다. 이런 근본주의 입장은 어느 종교에서도 정도의 차는 있을지언정 다 있는 현상이다. 우리 나라에서는 유교 근본주의가 한창일 때가 있었다. 지금은 기독교와 이슬람 근본주의가 가장 강력하고, 이 두 근본주의들이 서로 갈등을 일으키고 있다고 볼 수 있다.

이렇게 문자주의에서 벗어나는 것은 종교 경험은 말로 다 표현할 수 없다는 기본적인 이해에서 비롯된 것이다. "도덕경" 제 1장에서 절대자에 대한 말은 절대자 자체를 묘사하는 것이 못 된다는 것을 "도가도비상도(道可道非常道)"라고 했는데, 말로 표현할 수 있는 도는 정말 도가 아니라는 뜻이다. '말'이란 종교 경험이라는 '달'을 보도록 도와주는 손가락의 역할을 할 수 있지만 '말' 그 자체가 '달'은 아니다. 불교에서는 이처럼 문자에 달라붙지 말라고 하는 것을 불립문자(不立文字)라고 표현한다.

따라서 문자로 표현된 것을 절대적이라고 하는 고집이 없기 때문에 상대방에서 말하는 것을 무조건 틀렸다고 하며 내 주장만 고집할 수 없다. 남의 종교를 공격하고 비방하는 배타적 태도를 보이는 것이 믿음이 좋다는 증거쯤으로 생각하는 것이 보통이지만 이런 것은 상상할 수 없는 일이다. 이런 기본적인 이해와 자세를 가지고 관용적인 태도를 유지하고 있으면 이웃 종교와의 대화와 협력과 평화가 가능해진다. 유명한 스위스 출신으로 독일 튜빙겐 대학에서 가르친 신학자 한스 큉(Hans Küng) 교수는 "종교 간의 대화가 없으면 종교 간의 평화가 없고, 종교 간의 평화가 없으면 세계 평화가 없다"고 했다. 종교들은 문자주의에 사로잡혀 있을 때는 갈등을 피할 수 없다. 그러나 심층에 들어가면 서로가 통할 수 있다는 놀라운 사실을 발견하게 된다.

그뿐 아니다. 종교학의 창시자라 여겨지는 맥스 뮐러(Max Müller)는 "한 종교만 아는 사람은 아무 종교도 모른다."고 했다. 이웃 종교를 아는 것은 나 자신의 종교를 더욱 깊이 알기 위해서도 필수 요건인 셈이다. 상대방 종교를 아는 것은 상대방 종교의 거울 앞에서 나를 비추어 보는 것과 같다. 이제 코로나바이러스의 덕택으로 내 교회에만, 내 절에만 국한된 활동에 열중하던 것을 좀 쉬고 이웃 종교와도 소통함으로 자기 성찰이나 자기비판이 가능해질 수 있을 것이라 희망해본다.

이처럼 이웃 종교와 사이좋게 지내기를 권고하는 경향은 최근에 시작된 것이 아니다. 2천 3백 년 전 인도의 성왕 아쇼카 왕도 그의 유명한 비문 중 하나에 이웃 종교 간의 평화에 관해 다음과 같이 말했다.

기회 있을 때마다 남의 종교를 공대할지라. 누구든 이런 식으로 나가면 그는 자기 자신의 종교도 신장시키고, 남의 종교에도 유익을 끼치는 것. 그 반대로 하면, 그는 자기 종교도 해치고 남의 종교에도 욕을 돌리는 것. 이것이 모두 자기 종교만을 찬양하는 데서 오는 일. 누구든 자기 종교를 과대 선전하면 그는 오히려 자기 종교에 더욱 큰 해만을 가져다줄 뿐. 공존만이 유익한 것. 각자는 남의 종교에 대해 경청하고 거기 참여할지라.

몇 천 년 전에도 이러했거늘 오늘처럼 극도로 다원화된 현대 세계에서는 종교 간의 이런 화해와 협력과 평화가 얼마나 더 필요하겠는가. 코로나바이러스가 이런 태도를 진작시키지 않을까?

| 나가면서 |

이 글 서두에서 지금은 탈종교화 시대라고 언급했다. 그러나 지금쯤 어느 정도 밝혀졌겠지만, 사실 정확히 말하면 표층 종교로서의 종교는 사양길에 들어섰으나, 그 자리에 심층 종교에 대한 관심이 더 커질 것이라고 보아야 할 것이다. 말하자면 지금은 탈종교화에서 심층 종교화로 가는 길목이라 보는 것이 정확할 것이다. 그런 의미에서 종교가 없어지는 것이 아니라 어느 종류의 종교가 없어지고 어느 종류의 종교가 새로 대두되는가 하는 문제로 본다는 것이다.

한때 서양의 젊은이들이 자기들의 종교 전통에서 나와 동양종교 전통에 매료되는 것은 동양종교의 심층에서 찾을 수 있는 이와 같은 가르침 때문이라 할 수 있다. 지금은 기독교 전통 중에도 심층적 신비 차원이 있다는 것을 알고 구태여 동양종교를 찾아갈 필요가 없다고 보고 있다. 이제 그들은 분명히 말하고 있다. "나는 종교적이 아니라 영성적이다(I'm not religious, but I'm spiritual.)" 혹은 짧게 줄여서 "Religion, No; Spirituality, Yes"라고. 이제 이 말이 어디 서양 젊은이들에게만 해당되는 말인가?

    20세기 가톨릭 최고의 신학자로 알려진 칼 라너(Karl Rahner)는 21세기 종교는 신비주의적이 아니면 아무것도 아니라고 했다. 그가 말하는 신비주의라는 것은 우리가 여기서 말하는 심층 차원의 종교를 가리킨다. 독일 신학자로 오랫동안 뉴욕 유니온 신학대학원에서 가르친 도르테 죌레(Dorothe S lle)는 인구의 거의 대다수가 문맹이던 옛날에는 이런 심층 종교의 경험이 소수에 국한되어 있었지만 이제 새 시대에는 이런 경험이 많은 사람들에게 퍼지는 '신비주의의 민주화'가 가능하게 되었다고 주장했다.

    한국 기독교인의 절대 다수가 근본주의 그리스도인이라는 사실을 감안할 때 한국에서도 코로나19로 촉발된 긴급 사태를 계기로 더욱 많은 사람들이 종교에 대해서 새로운 눈뜸이 가능해지기 않겠는가. 기대해본다. 특히 비대면 사회라는 새로운 환경 속에서 깊은 명상과 통찰, 폭넓은 독서와 대화를 통해 지금까지 인과응보 사상에 기초한 기복이나 상벌 중심의 율법주의적 종교나 내세의 보상을 위해 노예적 굴종의 삶을 살라는 종교가 아니라 지금 여기에서의 삶에 더욱 관심을 가지는 종교로, 자연 훼손이 가져다주는 폐해를 절감하고 자연을 사랑하고 보호하는 환경 친화적 종교로, 일상사에서부터 광대무변의 우주에 이르기까지 모두를 신비스럽고 신기하게 여기는 외경의 태도를 지니는 종교로, 허상으로서의 이기적 나를 버리고 내면의 참 나를 찾아 참된 평화와 행복을 추구하는 종교로, 자연과 우주의 상호 연관성이라는 신비에 놀라움을 맛보는 종교로, 모든 것이 서로 맞물리고 어울려 있음을 실감하고 상생과 동정과 자비를 강조하는 종교로, 나아가 인류 공동체로 살아가면서 흑백논리에 기초한 배타적 태도에 따라 나만이 옳고 다른 사람은 다 그르다는 생각, 내 종교만 옳고 이웃 종교는 모두 거짓이라 가르치는 종교를 떨쳐버리고 종교들의 진수에 들어가면 모두가 통할 수 있고 모두가 인류의 행복을 향해 함께 가는 길벗이라는 것을 강조하는 종교로, 이런 심층 종교로 심화되는 과정이 더욱 신속해지고, 그리하여 진정한 의미의 종교의 깊이가 줄 수 있는 평화와 시원함을 얻을 수 있는 사람들이 많아지게 되기 희망한다.

    코로나바이러스 때문에 이렇게 사랑과 자비가 편만하게 되는 사회가 앞당겨 진다면 그야말로 코로나가 포스트 코로나(post-corona) 시대에 가져다 줄 수 있는 축복이 아닐까. 예상 반, 기대 반, 기도하는 마음으로 이 글을 마친다.